していくことがランニング・フォームを変えることにつながっていきます。

競技力を上げ続けるためには、練習を継続していくことが大切であることは誰しもが実感していると思います。ランニング動作は同じ動きを続ける循環運動です。もしも膝の裏の内側ばかり使ってしまう長距離選手がいたとすれば、長時間のランニング練習中ずっと膝の内側を酷使してしまい、いつか金属疲労のように故障へとつながることでしょう。

ただ走るだけではなく、本書にあるようなトレーニングを行うことが、そういった癖や偏りを改善し、今まで使ってこなかった筋を使うことにもつながっていきます。

さらに新たな筋力、可動域を獲得することで、効率のよいランニング・フォームで走ることへとつながります。

ケガを予防すること、競技力を向上させること、この2つのことを可能とするためにトレーニングは必須なのです。

とくに中学、高校というような骨格が固まってくる時期に行う運動は、とても重要な意味を持ちます。この年代だからこそ、ただ走るだけでなく、いろいろな動作、トレーニングに挑戦し、動きの多様性を身につけることこそが、将来大きく競技力を伸ばすことにつながります。過度な走りこみや目先の結果だけを追い求める陸上競技ではなく、より未来を見据えた体づくり、動作の習得を行ってください。

本書は中学生、高校生、アスリートだけでなく、そういったアスリートを指導する方々、大人になってランを始めた方など、年代、立場に関係なくすべての方々のトレーニング内容を再考する内容となっております。

今必要なトレーニングはどんなトレーニングなのか。どのタイミングでどんな強度でどの種目を行えばよいのだろうか。考え、楽しみながらエクササイズに励んでいただくことが、より競技を楽しむ一助となってくれるはずです。

トレーニングを通して、日本陸上界の発展に少しでもつながっていくならば、こんなにうれしいことはありません。

五味宏生

Contents

Part 3 コアトレーニング……51

Contents

Part 4 上半身トレーニング……97

Part 5 下半身トレーニング……115

デザイン　チックス.
写真　阿部卓功
ベースボール・マガジン社
イラスト　田中祐子
編集協力　和田悟志
プロランド

本書の内容と使い方

本書では、陸上競技の競技力アップに役立つ、体づくりのトレーニングを紹介しています。トレーニングによっては、メイン種目に加えて、レベルアップ種目、バリエーション種目も掲載しています。自分の目的に応じて、無理のないように実践してみてください。

紹介するトレーニング

ウォーミングアップ　15種目
コアトレーニング　20種目
上半身トレーニング　6種目
下半身トレーニング　13種目
ランニング動作につなげるトレーニング　10種目

トレーニングの基本ページ

主な動作やねらい
トレーニングの端的な説明。自分に必要な種目の選択に便利。

トレーニング名
基本のトレーニング名と、そのトレーニング内容をわかりやすく解説。

目的
このトレーニングの目的に効果などもプラス。

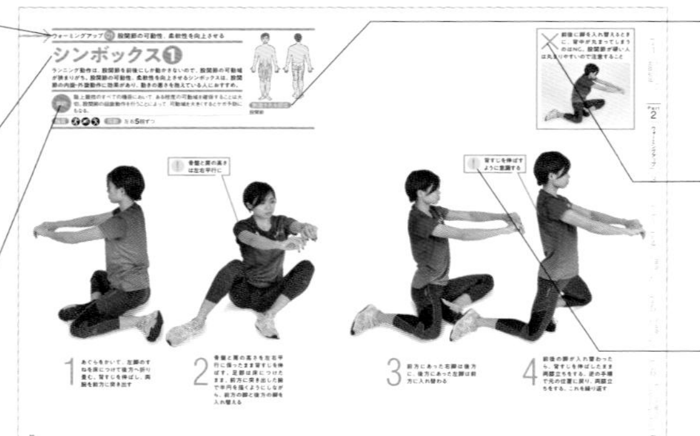

刺激される部位
意識したい、ターゲットとなる主な体の部分。

×
間違ったフォームで動いている人に、NGを促す。

!
トレーニング時に、ポイントとなることや注意したいこと。

種目
走、跳、投のどの種目に必要なのかを明記し、とくに取り組んでほしい種目には赤色で表記。
走種目
跳躍種目
投擲種目

回数 **時間**
目安となる1セットあたりの回数や時間。

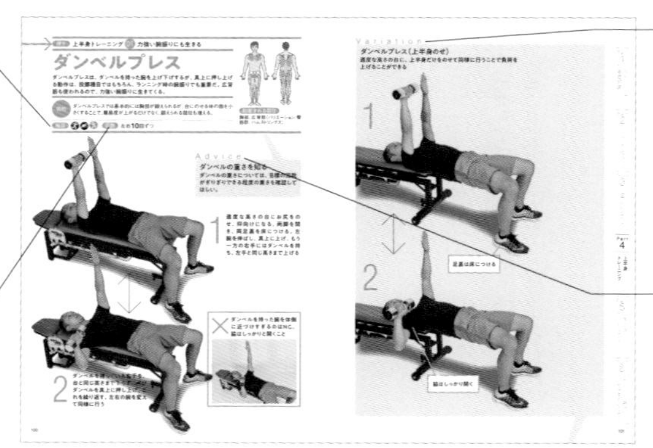

Variation
そのトレーニングのバリエーション種目であることを示す。

Advice
トレーニング時のさらなる助言や応用的なアドバイス。

トレーニング・プログラムの立て方のページ

本書で紹介したトレーニングをどのように組み合わせるか。走種目、跳躍種目、投擲種目、新入生別にプログラム例を紹介。

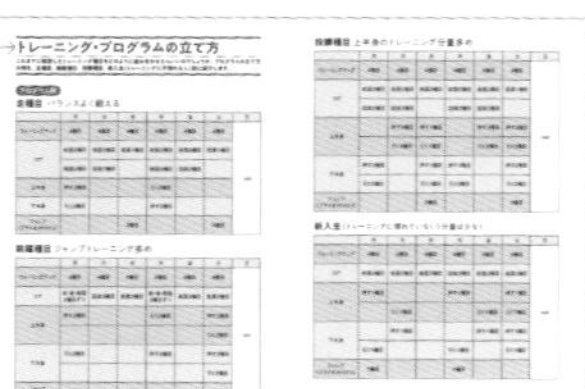

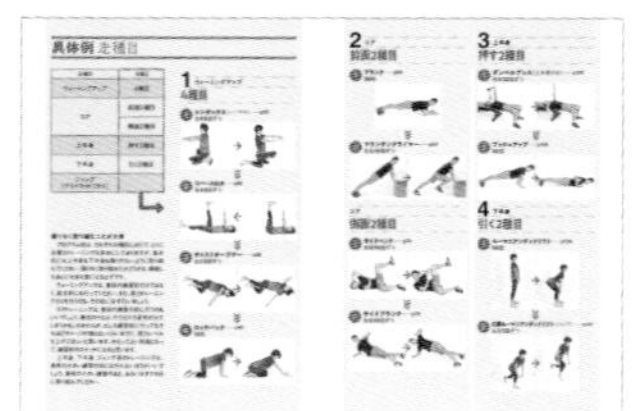

走種目の選手に向けて、トレーニング別の具体的な組み合わせ方を紹介。

Part

トレーニングの基礎知識

本書のコンセプトの一つは、
“自分の体重をしっかり操る”こと。
あらゆるスポーツの基本となる動作で成り立っている陸上競技。
競技力を上げるための
トレーニングの基礎知識を、まず頭に入れてください。

トレーニングはなぜ必要か？

筋力不足で壁にぶち当たっていませんか？

この本では、「ウォーミングアップ」「コアトレーニング」「上半身トレーニング」「下半身トレーニング」「ランニング動作につなげるトレーニング」を紹介しています。陸上競技は、「走る」「跳ぶ」「投げる」という、あらゆるスポーツの基本となる動作で成り立つ競技だからこそ、こういったトレーニングに取り組むことが、パフォーマンスアップに直結します。

この本のコンセプトの一つは、"自分の体重をしっかり操る"ということ。そのために効果的な、自体重を使ったトレーニングを主に紹介していますが、一部、ダンベルなどの器具を用いたトレーニングも紹介しています。陸上競技は一瞬で大きな力を発揮する競技でもあり、自体重だけのトレーニングでは不足するので（重いものを遠くに飛ばす投擲種目はさらに負荷をかける必要があります）、自分の体重をしっかり操るようになるには、時には自体重以上の負荷をかけることも必要だからです。

もし、あなたがなかなか自己ベストを更新できず、壁にぶち当たっているとしたら、単純に筋力不足がその原因かもしれません。また、それぞれの種目のスキルを磨こうとする場合にも、筋力が足りないことによって、その動作ができないということもありえます。

私がトレーニングを指導している選手の1人に、1500mの日本チャンピオンの戸田雅稀（サンベルクス）という選手がいま

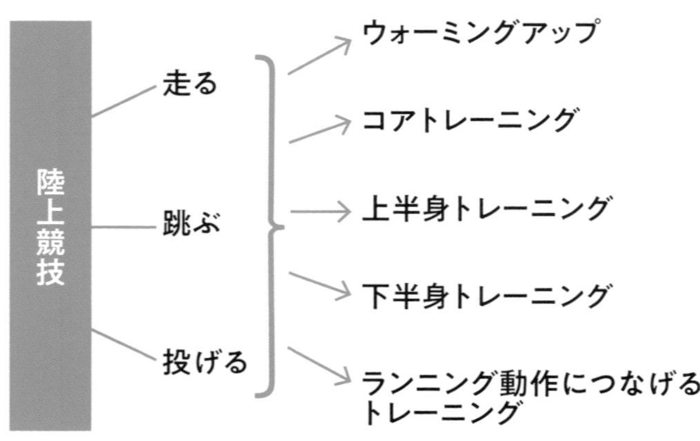

す。私が指導を始めた当初は、彼は筋力トレーニングに取り組んだことがなかったので、軽めの負荷からトレーニングを課していきました。

そして、少しずつ筋力もつき、時間をかけて自体重をコントロールできるようになったことで、パフォーマンスもアップし、日本一に輝くことができたのです(50ページ、コラム1を参照)。

同じ動作を繰り返すことで弊害も

陸上競技に限ったことではありませんが、あらゆるスポーツにおいて、競技力を向上させるためには、それぞれの競技に特化した練習を繰り返し行うことは大切です。陸上競技の走種目の選手であれば、ひたすら前に進むことを行うわけですから、何度も何度も同じ動きを繰り返すことで、速く前に進めるようになります。

ですが、同じ動作を繰り返し行うことには、弊害も出てきます。例えば、陸上競技場のトラックは左回りで走りますが、左回りだけをしていると、左の骨盤が前に出て、右は若干引けているということが起こりやすくなります。

また、例えば、腰が反りすぎてしまっている人の場合、そのせいで腰に痛みが出たり、お腹に力が入りにくかったりすることがあります。こういった点を改善しないまま練習を続けていくと、いつか金属疲労を起こし、故障する原因になってしまいます。

戸田雅稀選手。軽めの負荷からトレーニングを開始した

そこで、トレーニングによって、あえていつもとは逆方向の動作を行うことが、金属疲労を起こさないための故障予防にもなります。意図して、前傾をつくったり、後傾をつくったりして、1箇所に負担が集中しないようにするのです。ようは、トレーニングによって動きの多様性をつくり出すのです。そのことがケガ予防にもつながりますし、自分の土台を大きくすることにもなります。

専門とは違うトレーニングをする意味

よく耳にするのが、「ランニングが専門種目なのに、ランと違う動作のトレーニングをしても意味がないのではないか？」という意見です。

例えば、ランニングは基本的には前に進むので、横への動きはありませんが、横へ動ける筋肉をつけることは、大きな力を逃さないために役立ちますし、もちろんケガの予防にもなります。

また、この本でもスクワットを数種類紹介していますが、ランニングはそこまで膝を曲げることはないので、「腰を下まで下ろすほどの可動域は必要ないのではないか？」という意見も聞きます。でも、違う見方をすれば、ランニングだけをしていたら、膝関節も、股関節も、小さい範囲でしか曲げていないことになります。

トレーニングのときに、もっと深く曲げたところから大きな力を出せるようになると、これまで以上に効率のよい走り方ができるようになる可能性もあります（そもそも、短距離選手の場合は、低い姿勢からスタートし、大きな力を出すのですから、必要なトレーニングですが）。

土台を大きくして可能性を広げる

トレーニングがなぜ必要か、と問われれば、結局はパフォーマンスアップとケガ予防のための比重が大きいのですが、専門的なスキルの幅を広げたり、新たな技術を獲得したりするためにも必要なことなのです。

トレーニングに取り組むことによって、自分の土台を大きくすることは、可能性をも広げてくれるでしょう。とくに、中高生のうちに、専門的なスキルを突き詰める前に、いろいろな動きができるようになってほしいものです。

**スクワットで膝を深く曲げたところから大きな力を出すと
効率のよい走りにつながる可能性がある**

ダンベルスクワット
P118～119

ダンベルスクワット（ゴブレット）
P120～121

ダンベルスクワット（スプリット）
P122～123

片脚スクワット
P124～125

左右差をトレーニングでニュートラルに戻す

トレーニングによって自分の課題に気づくこともできます。例えば、左右それぞれで行うトレーニングに取り組んだときに、同じように取り組んでいるつもりでも、左右でまったく違う形になっているということは多々あります。

人には左右差があるので当然のことですが、その左右差をトレーニングによってニュートラルに戻してあげることも大切です。例えば、下半身のトレーニングでは、片脚で行うトレーニングをいくつも紹介していますが、両方の脚とも、きちんとできるようにしておくことは大事です。

ランニングは、一方の足が地面について、体を支える瞬間がありますが、一方の足ばかりの出力が大きいと、ケガの原因にもなってしまいます。

また、跳躍種目では、いつも踏み切る脚のほうの出力が絶対に大きいと思いますが、逆側の脚もうまく操ることができるようになることは、ケガ予防になるだけでなく、そこに伸びしろもあります。トレーニングでは左右ともにバランスよく鍛えてください。

注意点もあります。この本ではメニューごとに「刺激される部位」を示していますが、どこが刺激されるかを意識して行ってください（次のページには筋肉図を示しています）。また、「背すじを伸ばす」「膝は90度に」「手で床を押す」などと注意点を記していますので、その点に留意し、骨格が適切な位置にあるようにして、それぞれのトレーニングに取り組んでください。

トレーニングの注意点

- ●刺激される部位を意識して行う
- ●骨格が適切な位置にあるように
- ●左右バランスよく鍛える

筋トレは特効薬ではない

私は、男子マラソン日本記録保持者の大迫傑選手（Nike）のサポートを行っています。彼の取り組みを早大に入学した頃から見てきましたが、彼が本格的に筋力トレーニングに取り組むようになったのは、アメリカに拠点を移してからです。それまではほとんど筋トレを行ってこなかったうえに、アメリカでは走練習の負荷が大きくなったので、最初の１、２年は「疲れてしまうだけだから、筋トレはやらないほうがいいのではないか」と考えたこともあったようです。

それでも、彼にはこういう走り方をしたいという確かなビジョンがありましたから、その目的を成し遂げるために筋トレが必要だったのです。先を見据えて取り組み続けた結果、彼はトラックで成績を出し、マラソンに移行してからも活躍を続けています。

筋トレは、漠然とやればいいというものではありませんし、すぐに効果が出る特効薬でもありません（もちろん多少は、２、３カ月先に効果は出てくることもありますが……）。

中学の３年間、高校の３年間で、自分がなりたいと思っている未来像を描いて、先を見据えてトレーニングに取り組んでほしいと思います。

陸上競技に大切な主な筋肉

体の前面

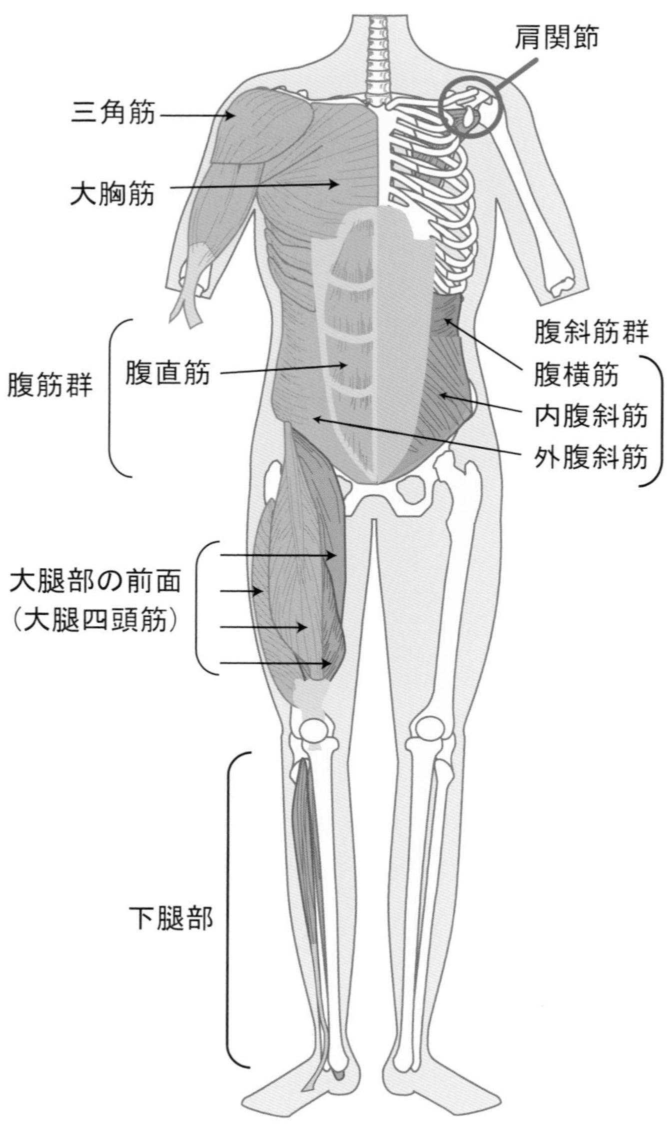

体の後面

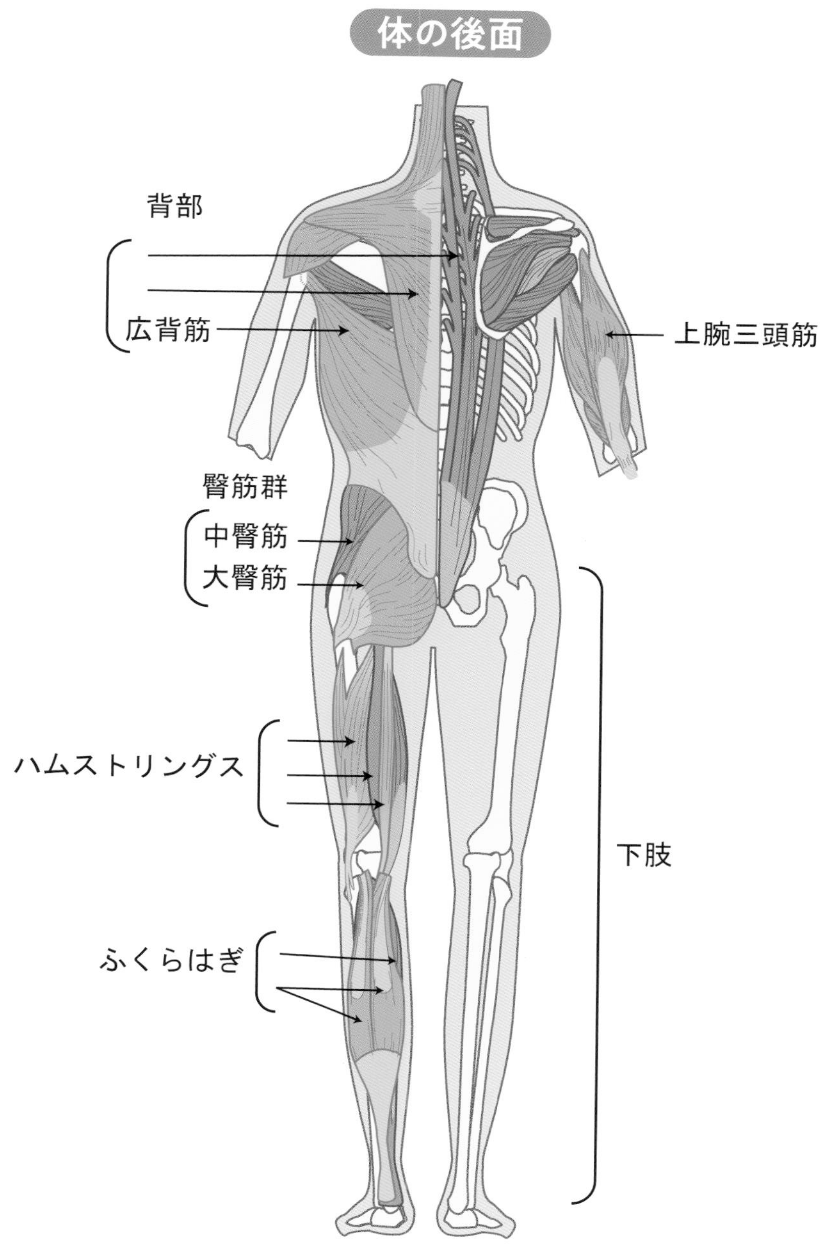
背部
広背筋
上腕三頭筋
臀筋群
中臀筋
大臀筋
ハムストリングス
下肢
ふくらはぎ
アウターマッスル
インナーマッスル

陸上競技に大切な主な筋肉

体幹

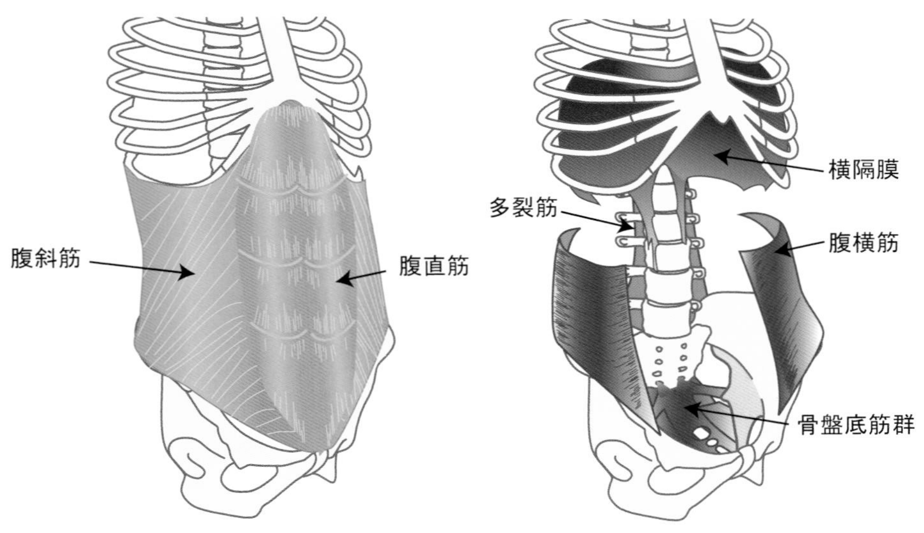

股関節周り

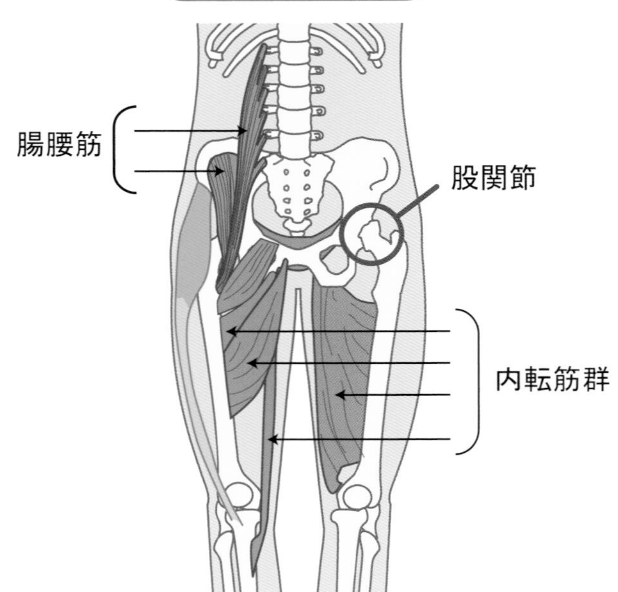

アウターマッスル　インナーマッスル

Part

ウォーミングアップ

ウォーミングアップは、運動前に、使いたい筋に
あらかじめ刺激を入れておくこと。
このPartでは、種目に関係なく取り組んでほしい
ウォーミングアップ方法を紹介します。

ウォーミングアップとは

体の準備をし
ケガ予防にもつなげる

運動を開始する前に、ウォーミングアップを行うことは大切です。

ウォーミングアップは、運動を始める前の体の準備をすることで、アメリカでは“Movement preparation”といわれています。“ウォーミングアップ”という名前のとおり、体の内部温度を上げることは重要です。運動をすると、筋肉への血流が大きくなり、筋温が上昇します。また、血流がよくなると、酸素や栄養素が筋肉に届きやすくなります。

一方で、体温が上昇することによって、筋肉を動かしやすくなります。体が温まらないうちに激しい運動をしようと思っても、筋肉の粘性が高いので、筋肉はスムーズに動きません。無理に激しく動こうとすると、大きなケガにつながる恐れがあります。ケガ予防の観点からもウォーミングアップを十分に行うことは必要です。

可動域を大きくし
動作パターンも改善

関節の可動域を大きくしておくことも重要な目的です。筋温の上昇とともに、関節の動きもスムーズになります。関節の動きをスムーズにしておかないと、当然、十分なパフォーマンスを発揮できませんし、さまざまな関節や筋肉に過度な負荷がかかり、ケガをしてしまいます。

運動前に、動作パターンの改善をすることも、ウォーミングアップの目的の一つです。私たちは左右均等に体を使っているようでも、実際には左右差があります。とくに、跳躍種目や投擲種目の競技者は、左右どちらか一方に大きな負荷をかけています。走種目も、自分で気づいていないだけで、案外、一方の側をまったく使わずに走っているということもありえます。

左右差をリセットする
イメージで行う

この本で紹介しているウォーミングアップやトレーニングには、左右片側ずつ行うものが数多くありますが、一方の側はやりやすいのに、もう一方の側ではやりにくいということがしばしば起こるはずです。

ですが、やりやすい側でばかり行うと、左右差が大きくなる一方です。左右差があるのは当然のことですが、それが度を超えて、一方にばかり負荷がかかりすぎると、金属疲労を起こしてしまいます。

ウォーミングアップでは、左右差を実感すると思いますが、左右差をリセットするようなイメージで取り組んでみてください。

負荷の小さい運動から始め
心拍数を上げていく

いきなり強度の高い運動をするのではなく、負荷の小さい運動から始めることで、少しずつ心拍数を上げていきます。そうすることで、激しい運動をするために心肺機能を整えることができます。いきなり激しい運動をすると、心臓にも大きな負担をかけてしまいます。

このPart 2では、種目に関係なく取り組んでもらいたいウォーミングアップ方法を紹介しています。運動前に、あらかじめ使いたい筋に刺激を入れておくことで、必要な可動域を獲得しましょう。試合の前はもちろん、普段の練習の前にも、ウォーミングアップをおろそかにせず、じっくり時間をかけて取り組んでみてください。

ウォーミングアップ 01 股関節の可動性、柔軟性を向上させる

シンボックス❶

ランニング動作は、股関節を前後にしか動かさないので、股関節の可動域が狭まりがち。股関節の可動性、柔軟性を向上させるシンボックスは、股関節の内旋・外旋動作に効果があり、動きの悪さを抱えている人におすすめ。

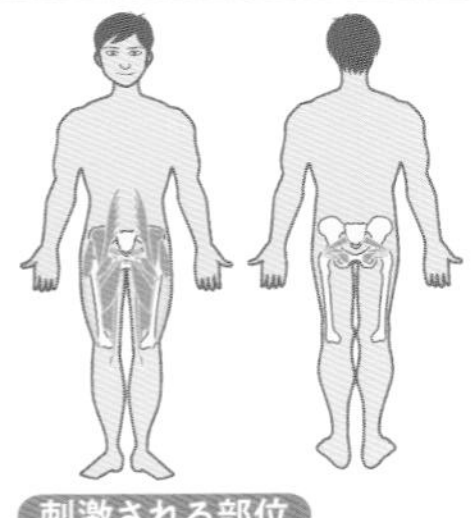

刺激される部位
股関節

目的 陸上競技のすべての種目において、ある程度の可動域を確保することは大切。股関節の回旋動作を行うことによって、可動域を大きくするとケガ予防にもなる。

種目  回数 左右**5**回ずつ

! 骨盤と肩の高さは左右平行に

1 あぐらをかいて、左脚のすねを床につけて後方へ折り畳む。背すじを伸ばし、両腕を前方に突き出す

2 骨盤と肩の高さを左右平行に保ったまま背すじを伸ばす。足部は床につけたまま、前方に突き出した腕で半円を描くようにしながら、前方の脚と後方の脚を入れ替える

前後に脚を入れ替えるときに、背中が丸まってしまうのはNG。股関節が硬い人は丸まりやすいので注意すること

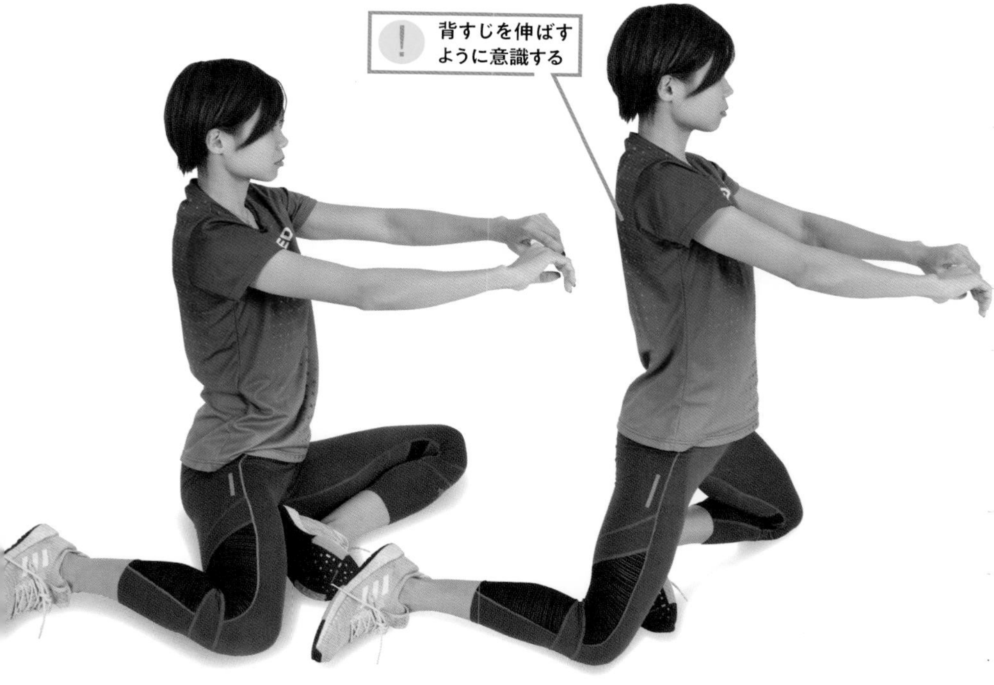

背すじを伸ばすように意識する

3 前方にあった右脚は後方に、後方にあった左脚は前方に入れ替わる

4 前後の脚が入れ替わったら、背すじを伸ばしたまま両膝立ちをする。逆の手順で元の位置に戻り、両膝立ちをする。これを繰り返す

ウォーミングアップ 02 股関節の可動性、柔軟性を向上させる

シンボックス❷（手をついて）

目的 股関節が硬いと、シンボックス❶で前後の脚を入れ替えるときに背中が丸まり、十分に股関節を伸ばしきれないため、スムーズに動けない。そういう人は、両手を床について上体を補助しながらシンボックス❷を行う（❶ができる人は不要）。

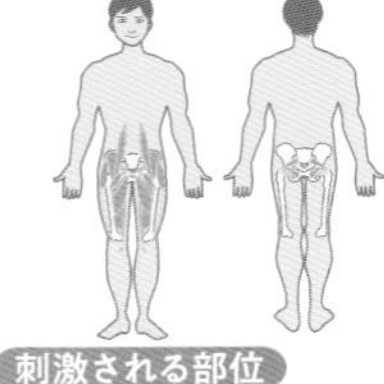

刺激される部位
股関節

種目

回数 左右**5**回ずつ

! 両手で上体を支えて両脚の動きを補助する

1 あぐらをかいて、左脚のすねを床につけて後方へ折り畳む。背すじを伸ばし、両腕を前方に突き出す

2 背中が丸まらないように、両手を後方について上体を支える。足部は床につけたまま、体の向きを変えながら、脚の入れ替え動作も行う

3 前方にあった右脚は後方に、後方にあった左脚は前方に入れ替わったら、両腕を前方に突き出す

4 背すじを伸ばしたまま両膝立ちをする。逆の手順で元の位置に戻り、両膝立ちをする。これを繰り返す

ウォーミングアップ 03 股関節の可動性、柔軟性を向上させる

シンボックス❸（重りを持って）

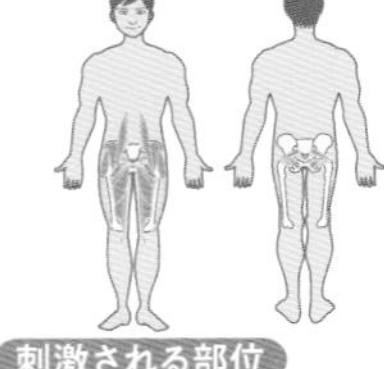

シンボックス❶が余裕を持ってこなせる人は、ダンベルなどの重りを持って行う。腹部や背部に自然に力が入った状態で行わなければならないのに加えて、股関節の可動域が大きくなければならないため、難易度は上がる。

種目 　回数 左右5回ずつ

重りを持って行うことで、背中は丸まりにくい

1 あぐらをかいて、左脚のすねを床につけて後方へ折り畳む。背すじを伸ばし、両腕を胸の前で畳み、ダンベル（5キロ程度）などの重りを両手で持つ

2 重りを持ったまま、骨盤と肩の高さを左右平行に保ち、背すじを伸ばす。体の向きを変えながら、足部は床につけたまま、前方の脚と後方の脚を入れ替える

3 前方にあった右脚は後方に、後方にあった左脚は前方に入れ替わる

4 前後の脚が入れ替わったら、背すじを伸ばしたまま両膝立ちをする。逆の手順で元の位置に戻り、両膝立ちをする。これを繰り返す

ウォーミングアップ 04 股関節の可動性、柔軟性を向上させる

シンボックス❹(重り+片手を上げて)

シンボックス❸も余裕を持ってできる人は、さらに難易度を上げる。一方の手でダンベルなどの重りを真上に持ち上げるが、無理なく真上に上げられる肩関節の可動域が備わっていることが前提。肩が硬い人は❸をしっかりやればよい。

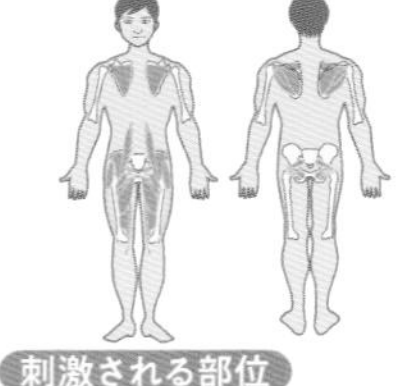

刺激される部位
股関節、肩関節

種目  回数 左右**5**回ずつ

1 あぐらをかいて、左脚のすねを床につけて後方へ折り畳む。背すじを伸ばし、一方の手でダンベル(5キロ程度)などの重りを持ち、真上に持ち上げる。もう一方の腕は前方にまっすぐ伸ばす

2 上体は、骨盤と肩の高さを左右平行に、1の姿勢を保つ。体の向きを変えながら、足部は床に着けたまま、前方の脚と後方の脚を入れ替える

Advice

肩関節が硬い人へ

肩関節が硬いと、重りを持ったまま真上に腕を上げられないので、無理はしないこと。

3 前方にあった右脚は後方に、後方にあった左脚は前方に入れ替わる

4 前後の脚が入れ替わったら、背すじを伸ばしたまま両膝立ちをする。逆の手順で元の位置に戻り、両膝立ちをする。これを繰り返す

ウォーミングアップ 05 ハムストリングスの柔軟性を向上させる

リバースSLR（ストレートレッグライズ）

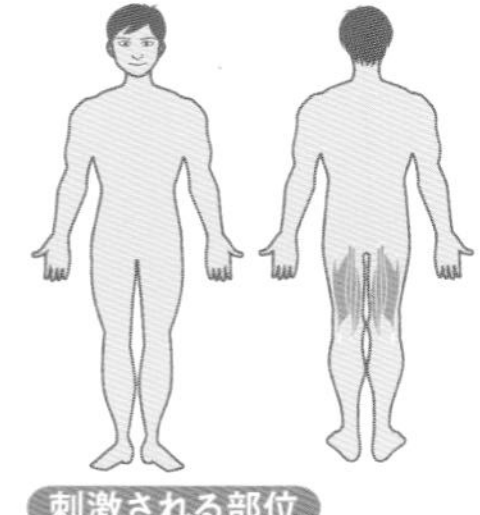

刺激される部位
ハムストリングス

ランニング動作においてハムストリングスはエンジンとなる。肉離れなどのケガ予防にもハムストリングスの柔軟性は必須だ。リバースSLRは、ただハムストリングスを伸ばすだけでなく、腹筋群や背筋群も使われる。

目的 ハムストリングスのストレッチが目的だが、腰が反りやすい種目なので反らないように、お腹にしっかり力を入れることも大事。

種目　回数 左右**5**回ずつ

1 床に仰向けに寝て、両腕、両脚を伸ばして、真上に上げる

2 両腕を真上に上げたまま、一方の脚をゆっくり下ろしていく

! 腹圧がしっかり入っているのを確認する

Variation

重りを持つ

下ろしていく側の脚とは反対側の手に重りを持って実施すると、お腹に力が入りやすくなる

左脚を下ろすときは右手に重りを持つ

3 床につかないギリギリのところまで脚を下ろす

4 下ろした脚を再び上げていく

5 元の位置に戻す。これを繰り返す

× 真上に上げたままの脚の膝が曲がってしまうのはNG。お腹に力が入っていないと、背中が反ってしまうので気をつけること

トランクローテーション❶

トランクローテーションは脊柱の回旋動作に効果がある。脊柱の回旋は、屈曲伸展の動作にもかかわってくるので、可動域を確保することは、投擲種目はもちろん、走種目、跳躍種目にも必要だ。

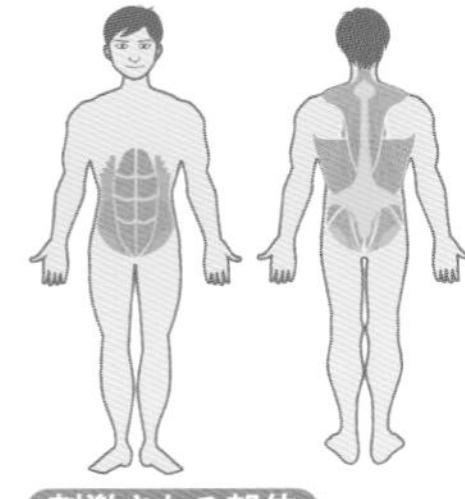

刺激される部位
腹部、背部

目的 人間の動作は、左右対称に見えても、左右差は絶対にあるもの。一方の側ばかりを酷使するとケガにもつながるので、左右ともに十分な可動域を確保するために行う。

  回数 左右**5**回ずつ

1 正座をし、背すじを伸ばしたまま上体を倒していき、腹部を大腿部に近づける。左腕を伸ばし、手のひらを床につける。もう一方の右腕は、手が後頭部に触れる程度に肘を曲げる

背すじを伸ばし、腹部は大腿部に近づける

2 曲げているほうの右肘を上方に上げていく。このとき、胸を回旋させるように開いていく

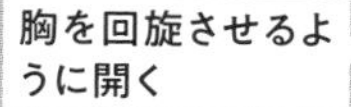

3 肘が上がり切ったら、元の位置に戻していく。これを繰り返す

ウォーミングアップ 07 腹部と肩甲骨を意識する

トランクローテーション❷

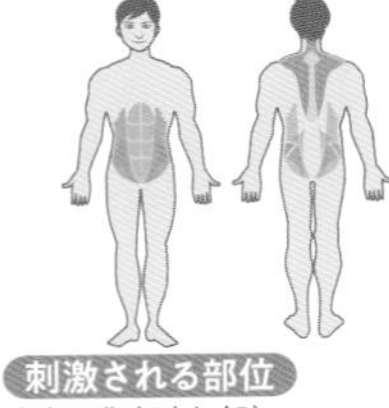

トランクローテーション❶は背骨を全部使って胸を開くが、❷は広背筋を使わず、背骨の上部だけを使う。そのため❶よりも胸を開きやすくなる。

刺激される部位
腹部、背部（上部）

回数 左右**5**回ずつ

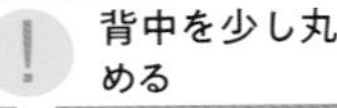

1 正座をし、上体を倒す。左腕は、肘から先を床につける。もう一方の右腕は、手が後頭部に触れる程度に肘を曲げる。このとき、背中は少し丸める

2 曲げているほうの右肘を上方に上げていく。このとき、胸を回旋させるように開いていく

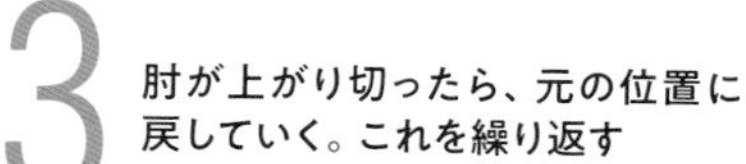

3 肘が上がり切ったら、元の位置に戻していく。これを繰り返す

ウォーミングアップ 08 上半身の回旋動作につなげる

トランクローテーション③

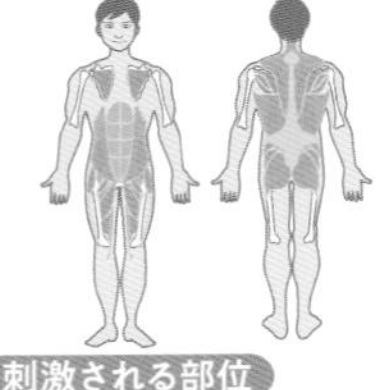

目的 股関節や肩甲骨周りを固定しているうえに、回旋動作を加えるので、刺激される部位の範囲を大きくできる。

種目  回数 左右5回ずつ

1 四つん這いの姿勢になり、左手を床につけ、もう一方の右腕は、手が後頭部に触れる程度に肘を曲げる

2 胸を内側に回旋させるように、曲げているほうの肘を床に近づける

骨盤の位置が変わらないようにする

3 胸を外側に回旋させるように、曲げているほうの右肘を上げていく。肘の上げ下げを繰り返す

手を床につけている側の肩の位置は変わらないようにする

ウォーミングアップ 09 上半身の回旋動作につなげる

チェストオープナー

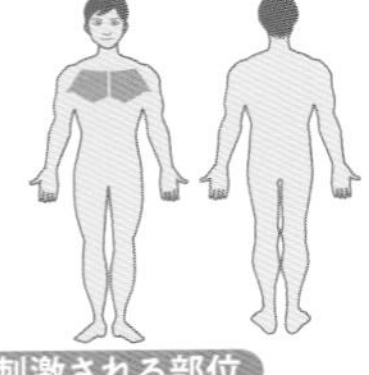

胸部(大胸筋)

目的 トランクローテーションの中でも、胸部の前側(とくに大胸筋)を使う種目。胸をしっかり開くことができるかがポイントになってくる。投擲種目はマスト。また、猫背気味でランニング時に肩が前に出てしまう人は、とくに取り組む。

種目  **回数** 左右**5**回ずつ

1 横向きに寝て、下側の左脚を伸ばし、上側の右脚は膝を曲げる。両腕は上体と90度になるようにまっすぐ伸ばし、両手を重ねて床につける

! 肩は胸の高さになるように、下げて行う

2 肩の位置を変えず、上側の右腕をまっすぐに伸ばしたまま、胸を開くようにして、上空に向けて上げていく

! 手の先を見るように顔も手先の方向へ動かしていく

3 真上に上げた右腕を、最初とは逆側の床に向けて下ろしていく

! 顔の向きは手先と同じ方向

ウォーミングアップ 10 上半身の回旋動作につなげる

チェストオープナー+プルダウン

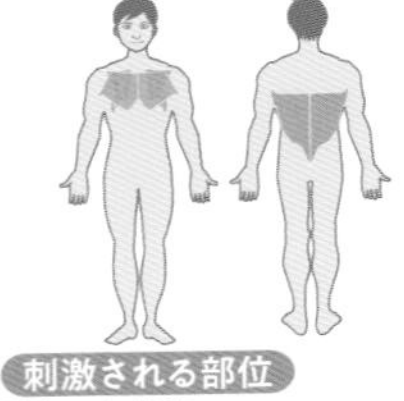

刺激される部位
胸部、広背筋

広背筋を引っ張る動作によって、広背筋の筋収縮が強く出るので、胸部を緩めることができる。この動作をチェストオープナーと組み合わせて行うことで、胸部をよりストレッチできる。腕振りがラクになる。

種目　回数 左右5回ずつ

1 横向きに寝て、下側の左脚を伸ばし、上側の右脚は膝を曲げる。両腕は上体と90度になるようにまっすぐ伸ばし、両手を重ねて床につける

! 肩は胸の高さになるように、下げて行う

骨盤は動かさず、そのままの位置をキープする
肘は下に引くような感じで
顔の向きは変えずに、伸ばした腕の方向のままに

2 上側の右腕をまっすぐに伸ばしたまま、頭上に向けて移動させていく

3 右腕が上体と一直線になるまで伸ばす

4 今度は、伸ばした右腕の肘を曲げ、もう一方の左腕とは逆側の床に近づけていく

ウォーミングアップ 11 股関節の可動域をアップ

ロックバック

股関節の屈曲の可動域アップに効果的な股関節のストレッチ。股関節の可動域が小さいと背中が丸まりやすいので注意。単純な動作だが、左右差が大きいと股関節を曲げにくく感じるので、左右差にも気づくことができる。

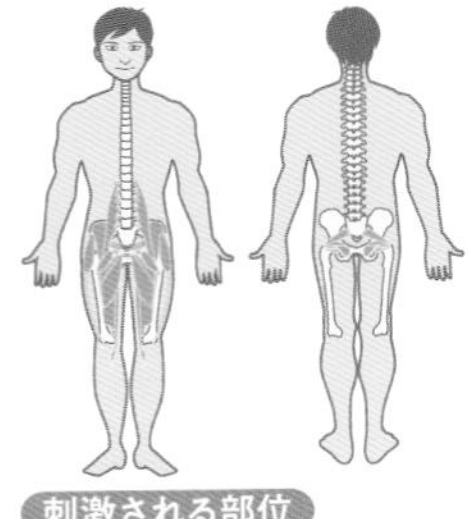

刺激される部位
背骨、股関節

股関節には力を入れず、手でしっかり床をプッシュして力を加えることで、股関節を折りたたみストレッチする。股関節の屈曲の可動域を大きくできる。

種目  回数 **10回**

1

両手と両膝をつき、四つん這いの姿勢になる

! 背すじは伸ばす

! 膝は90度に

×
動作時に背中が丸まるのはNG。丸くなると股関節の動きが小さくなるので、丸まらないように注意する

2 背すじを伸ばしたまま、股関節を折りたたむようにして、お尻をかかとにつける。元の位置に戻して、これを繰り返す

ウォーミングアップ 12 股関節周辺、太もも内側を柔軟に

ロックバック アダクション ストレッチ

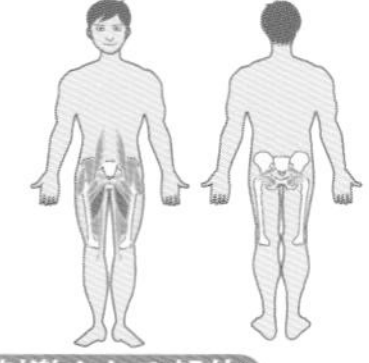

目的 ロックバックは股関節の可動域が重要だったが、ロックバック アダクション ストレッチは、側方に伸ばした脚の内転筋群の柔軟性が必要となる。繰り返し行うことで、内転筋群が柔らかくなる。

刺激される部位
股関節、内転筋群

種目 **回数** 左右**5**回ずつ

1 両手と両膝を床につき、四つん這いの姿勢になる

2 左つま先を床につけ、右脚を側方に伸ばし、足部の内側を床につける

両手は肩幅に、右脚の膝は伸ばし、足部の内側で支えるようにする

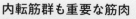

Advice

内転筋群も重要な筋肉

脚をスイングする際にメインで使われるのは太もも前面にある大腿四頭筋や、ハムストリングスだが、それらの補助として太ももの内側に位置する内転筋群が使われる。また、接地時に体重を支えるためには、内転筋群がメインで使われる。つまり、内転筋群はランニングのすべての局面で使われているということだ。

3 背すじを伸ばしたまま、股関節を折り畳むようにして、お尻を下ろしていく

4 膝を曲げている左脚のかかとに、お尻をつける。元の位置に戻って、これを繰り返す

ヒップローテーション①

ランニング動作は股関節の可動域の十分な確保が大切。ヒップローテーションは体重を乗せて内外旋させるので、股関節の可動域に効果があるだけでなく臀部も刺激される。この点がシンボックスとの大きな違いだ。

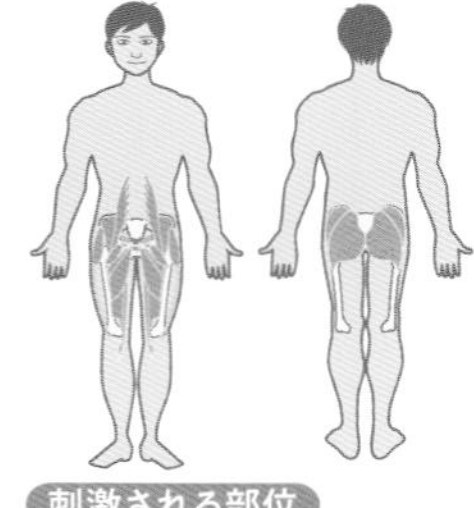

刺激される部位
股関節、臀部

目的 体重を乗せて股関節の可動域を獲得するのが目的。体重が乗ったうえで内外旋させるので、ランニングに近い動きの中で股関節に刺激を入れることができる。

種目  **回数** 左右、内旋外旋それぞれ**5**回ずつ

1 四つん這いの姿勢から、左脚を後方に伸ばし、もう一方の右脚は膝を曲げて前方に出す。右腕で前方に出した右太腿の下を通して、足首をつかむ

正面から 股関節を外側に回しているところ

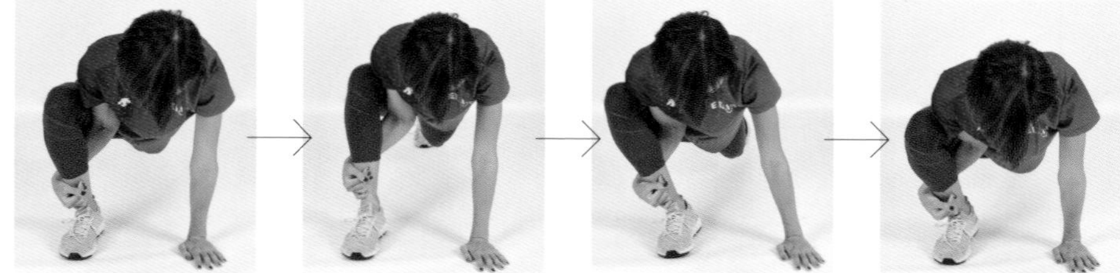

2 体重をしっかりと乗せる

3 股関節を外側に回していく

4 外側に回したあとは、内側に回して、元の位置に戻る。これを繰り返す

ウォーミングアップ 14 股関節周辺の柔軟性向上

ヒップローテーション❷

目的 目標物（シューズ）を落とさないことだけに集中して、写真のような動作を行うには、股関節を大きく使わなければならない。結果として、股関節の可動域を大きくすることに効果がある。遊びの要素もあるので、楽しんで取り組んでほしい。

種目

回数 左右1回ずつ

刺激される部位
股関節、お尻周り、ハムストリングス

仰向けになり、右脚を真上に伸ばし、足裏の上に靴をのせる。靴が落ちないように足裏を床と平行に保ちながら、体を回転させ、脚を左右入れ替えて、うつ伏せになる。再び、脚を左右入れ替えて、仰向けに戻る

ウォーミングアップ 15 ふくらはぎ、足首を刺激する

カーフストレッチ

カーフストレッチはその名のとおり、ふくらはぎの柔軟性を向上させるストレッチ。ふくらはぎは接地時に体を支えるのに必要な筋肉なので、柔軟性を保っておくことは大切。

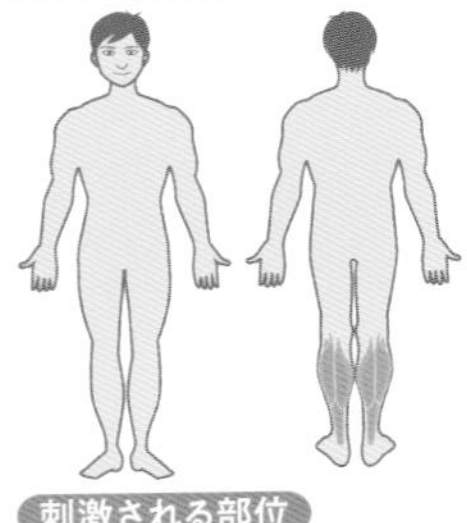

刺激される部位
ふくらはぎ

目的 お腹に力を入れて、両手でしっかりと床を押すことで、ふくらはぎを伸ばすことができる。

種目 回数 左右**10**回ずつ

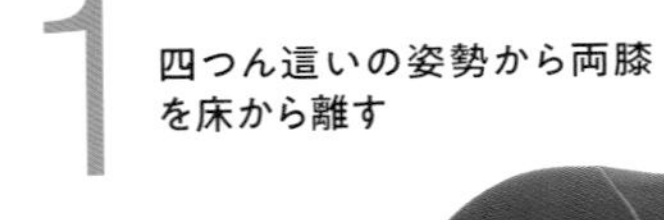

1

四つん這いの姿勢から両膝を床から離す

2

右脚の膝を伸ばし、足裏を床につける。この姿勢で3秒間キープする

3

今度は左脚の膝を伸ばし、足裏を床につける。同様に、この姿勢を3秒間キープする

背すじをまっすぐに
腹部、背部に力を入れて
手でしっかり床を押す

Column 1

中距離ランナー戸田雅稀の復活

私がトレーニングを指導している選手の1人に、1500mを主戦場としている戸田雅稀（サンベルクス）という選手がいます。彼は、東農大二高（群馬）3年時にインターハイで優勝し、東農大に進学後も、アジア選手権に日本代表として出場しています。その一方で、箱根駅伝にも2度出場しており、1500mからハーフマラソンまでマルチな活躍を見せていました。

大学卒業後は日清食品グループに進み、社会人1年目でついに日本選手権で優勝し、1500m日本一の称号を手にしました。ところが、以降はケガに苦しみ、なかなか結果を出せない日々を過ごしていました。

私が戸田のトレーニングを見るようになったのは、2018年の秋頃でしたが、そのときも戸田はシンスプリント（脛の故障）を長引かせていて、あまり練習ができずにいました。

ニューイヤー駅伝が差し迫っていた時期でしたが、間に合いそうになかったので、翌年のトラックシーズンを見据えて、体づくりを一から始めることにしました（そんなタイミングで、所属企業が部を縮小することが決まり、戸田は現所属のサンベルクスに移籍することになりました）。

トレーニングを始めた当初、戸田はあまりにも基礎筋力がなくて、5キロのダンベルを持ったトレーニングにも苦戦していました。懸垂も1回もできなかったほどです。ドリルにもいっさい取り組んだことがなかったといいます。でも、別の見方をすれば、「伸びしろしかない」と私は思っていました。

まずは基礎筋力を上げることに重きを置きました。筋力トレーニングを継続して取り組んできたことで、今では60キロのバーベルでベンチプレスもできますし、懸垂も4回×3セットなどをこなせるようになりました。

だいぶ筋力がついたことで、走り方も大きく変わったと思います。そして、2019年の日本選手権では、3年ぶりに日本一の奪還に成功しました。また、同年7月には日本歴代2位となる3分37秒90まで記録を伸ばしました。

筋力面が上がったことで復活を遂げた戸田ですが、目標のオリンピック出場のためにやるべきことはまだまだ山積み。ドリル等でスキル面を磨くのは、これからの作業になります。飛躍的に進化する余地は十分あると思っています。

基礎筋力が上がり復活した戸田選手。さらなる進化の余地があり楽しみだ

コアトレーニング

中心部を意味するのが「コア」。
四肢（両腕と両脚）を除いた全部を鍛えるのを
コアトレーニングと理解してください。
コアトレーニングの意義は、いろいろな筋肉に、
意図的にスイッチを入れることです。

コアトレーニングとは

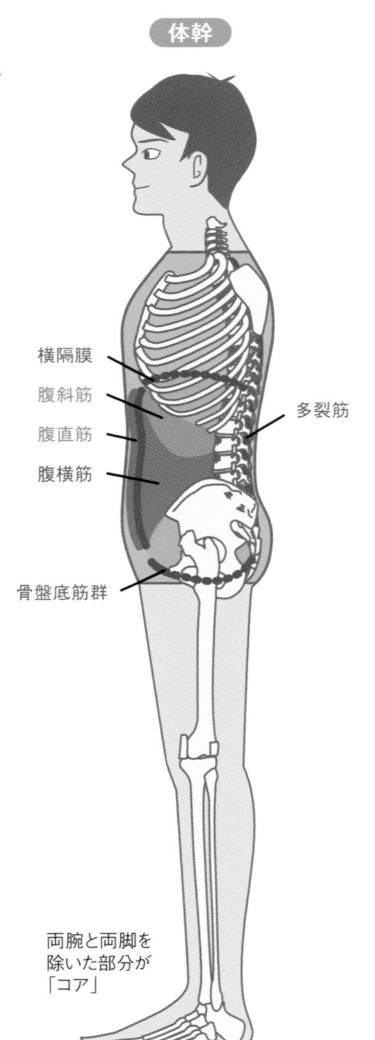

コアトレーニングのちゃんとした定義はない

近年は、コアトレーニング、体幹トレーニングという言葉が一般的にもだいぶ知れ渡っているように思います。実際に、コアを鍛えることは、まっすぐに立ったり、歩いたりと、人間が基本的な動作を行うのに非常に大事です。

そもそもコア（core）とは、中心部分のことを意味する言葉です。私も便宜的に“コアトレーニング”という言葉を用いていますが、実際には、コアが体のどの部分を指すのか、ちゃんとした定義はありません。とはいえ、“コア”と聞いて、お腹周りや背筋のあたりなど、なんとなくこの辺かなと、皆さんがイメージされる部分があるのではないでしょうか。

あえて定めるならば、四肢（両腕と両脚）を除いた全部を“コア”と言ってもいいのではないかと私は考えています。

コアを鍛えることが四肢の力を導く

コアトレーニング、体幹トレーニングというと、腹部の筋肉を鍛えることと思われている人もいるかもしれませんが、腹部だけでなく胴体部分全体を鍛えます。しかし、それだけを抜き出してトレーニングをすることに、どれだけの意義があるのかというと……。

もちろん、ものすごく大事なことではあるのですが、コアトレーニングだけをしていればパフォーマンスが上がるということにはなりません（それは、他のPartで紹介するトレーニングに関しても同様ですが）。

ただ、お腹周りや背筋などを鍛えることは、上肢や下肢を使ったり、飛んだり跳ねたりすることにつながります。四肢の大きい力を導くには、結局コアといわれる部分のどこに力が入っているか（どこをどう固定するか）ということが、とても重要になってくるのです。

また、本によっては、腹直筋や腹斜筋など外側にある筋肉（アウターマッスル）と、骨格に近い部分にある筋群（インナーマッスル）という分け方をしていて、インナーマッスルを鍛えることがより大事としているものもあります。確かに、アウターマッスルを働かせるには、インナーマッス

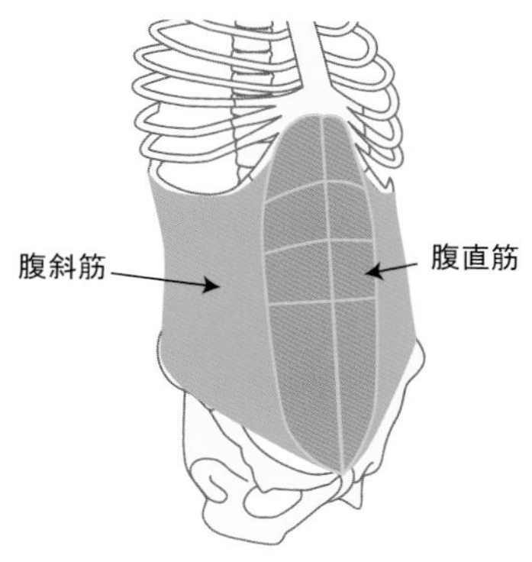

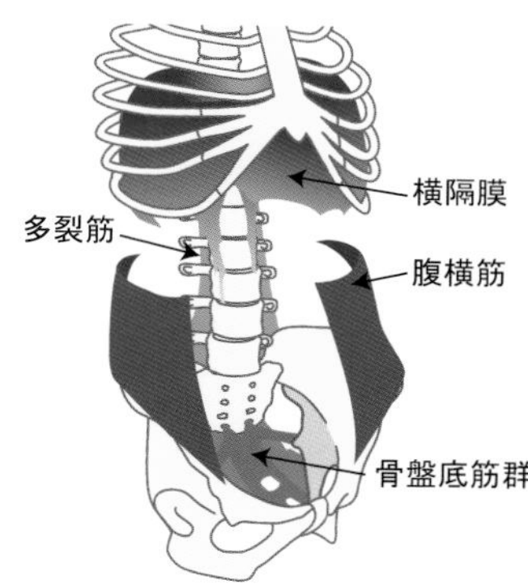

ルをちゃんと使えるようにすることが大事です。ですが、逆に、アウターマッスルがしっかりしていないがゆえに、体がぐらぐらしてしまう（安定性に欠ける）ということもあります。

コアトレーニングでいろいろな筋にスイッチを入れる

この本では、自分の体重をしっかり支えるということに重きを置いています。ウエイトトレーニングに積極的に取り組んでいて、ものすごい重さのバーベルを上に持ち上げられる人でも、四つん這いの姿勢で行うトレーニングをさせてみると、案外、肩甲骨のところに力を入れられなかったり、いびつな形でしか取り組めなかったりすることも、しばしば見受けられます。

つまり、筋肉をどれだけ鍛えようと、それを競技に生かせなければ、ウエイトトレーニングの目的がずれてしまいますし、鍛える箇所に偏りがあっても、別の問題を抱えることになりかねません。

また、骨があるべきところにある状態で、自体重を操作できるようになることも、この本のコンセプトになっています。例えば、写真のダンベルローイング（108～109ページ）というトレーニングを行う際に、背中を丸めて猫背気味に引いたときと、背骨にS字のカーブをつくって引いたときとを比較してみてください。おそらく発揮する力が全然違うのがわかると思います。

脊柱のポジションによって、腕を引くときに発生する力が変わってしまうのです。

ダンベルローイング
P108～109

大きい力を発揮するために、背骨にＳ字をきれいにつくるには、背骨に近い細かい筋群がちゃんと使えなければいけません。とはいえ、広背筋のような大きい筋肉を使えない場合も、その姿勢をとることはできません。結局、アウターマッスルもインナーマッスルも両方大事なのです。

意図的に、いろいろな筋にスイッチを入れられるようにすることに、コアトレーニングの意義があると思っています。しかしながら、インナーマッスルは意識しにくいのが難点です。

弱点や左右差に気づき バランスよく鍛える

繰り返しになりますが、アウターマッスルもインナーマッスルも両方大事ですから、この本では、鍛えている箇所を意識しやすいように、「前面」「後面」「側面」「回旋系」と区分しています（複数面を鍛えるものもあります）。

このように分けて整理することで、“背筋は強いけど、腹筋は弱い……”などと、自分の弱点や左右差に気づきやすくなると思います。得意な面ばかりをやるのではなく、バランスよく鍛えてほしいと思います。また、「回旋系」のコアトレーニングでは、ひねる力を培います。ランニングに限らず、陸上競技のどの種目でもひねる力が加わるので、とても重要です。

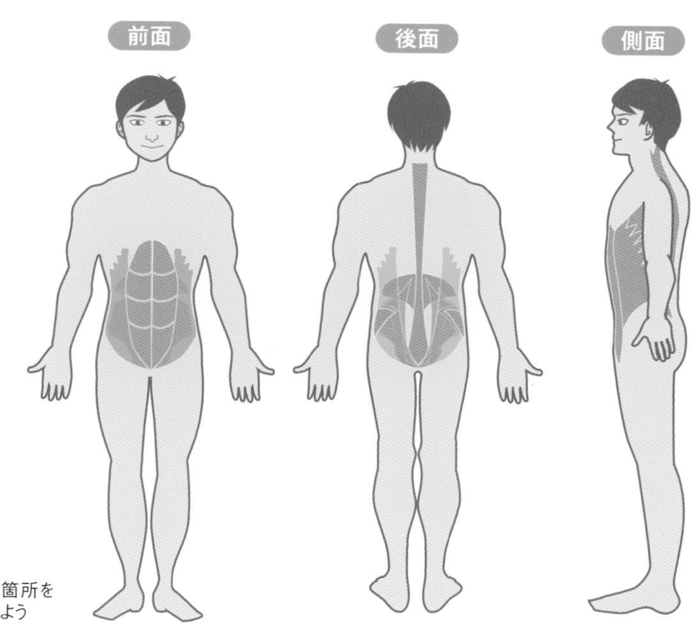

鍛える箇所を
意識しよう

前面 コアトレーニング 01 動きを伴うコアトレ

足底つけタッチ

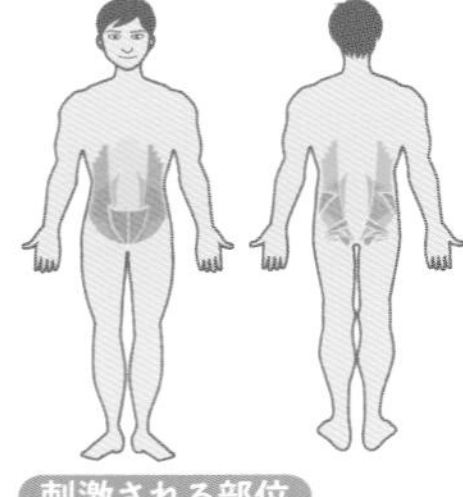

例えば、ランニング時に腰が反りすぎてしまう人は、コアの前面の筋力が不足している点が原因であることが考えられ、その結果、腰のケガのリスクが高まる。反り腰の人にとくにおすすめ。

目的 腹筋の中でもとくに下腹部が鍛えられる種目。下腹部に力を入れられないと、どの種目においてもパワーロスになるし、姿勢が崩れて、ケガのリスクにもなるので、下腹部の強化は重要だ。

刺激される部位
下腹部

種目  **回数** 10回

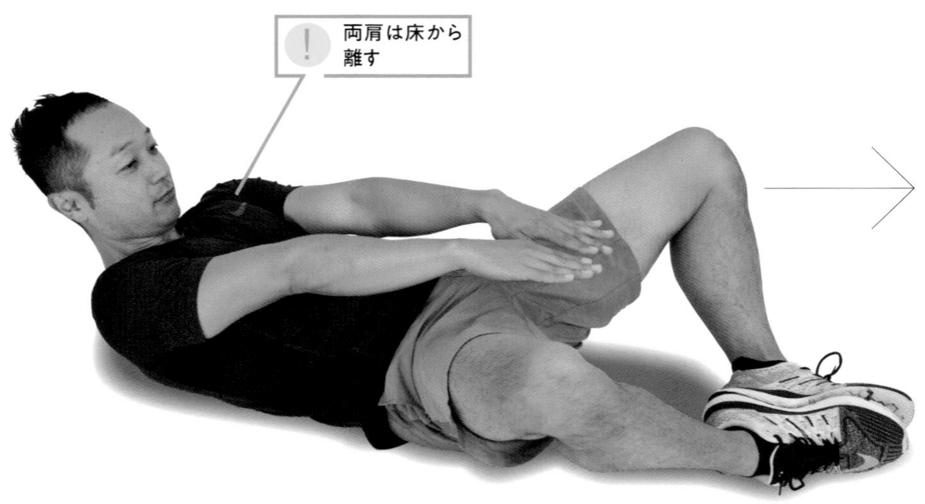

1 仰向けになり、足裏を合わせる。両肩を床から少し浮かせ、両腕を伸ばす

反動を使って上体を起こすのではなく、お腹の筋肉を使う

2 両手の指先がかかとに触れるまで、上体を起こしていく。この姿勢を5秒維持し、元の位置に戻る。これを繰り返す

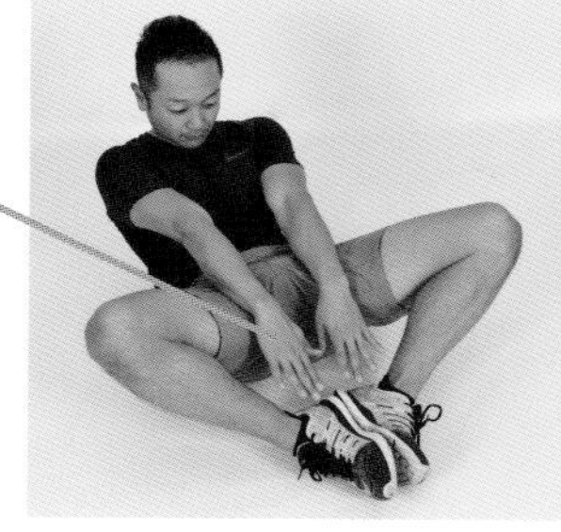

90-90クランチ

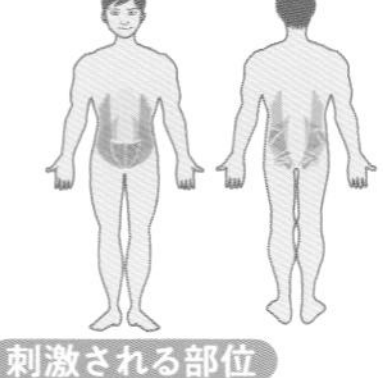

目的 下腹部を鍛えるトレーニングだが、足底つけタッチよりも刺激される範囲が広くなる。首だけを動かすのではなく、おへそをのぞきこむように上体を起こすこと。

刺激される部位
下腹部

種目  回数 10回

1 足を腰幅に開いて仰向けになり、膝と足首がそれぞれ90度になるように、脚を浮かせる。両手を頭の後ろに置く

2 お腹の筋肉を使って、おへそをのぞきこむようにゆっくりと上体を起こす。肘が膝上についたところで5秒維持し、元の位置に戻る。これを繰り返す

おへそをのぞきこむように上体を起こす。膝、足首の角度は90度にキープ

前面 コアトレーニング 03 姿勢維持のためのコアトレ

プランク

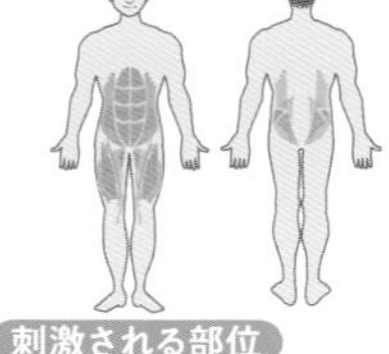

刺激される部位
腹部、大腿部前面

目的 さまざまな筋肉を使うが、主に、腹部や大腿部の前側が鍛えられる。体を支える支点の面積を変えることで難易度は変わるが、正しい姿勢を維持することが大切なので、自分のレベルに合ったものをA、B、Cから選択する。

種目 　**時間** 20秒

難易度
中

A

両肘から先と、両足のつま先を床について、体を持ち上げる。両肘は肩幅に開き、肩の真下にくるようにする。両足は腰幅に開き、頭からかかとまでが一直線になるようにして、この姿勢を、20秒を目標にキープする

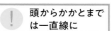

! 頭からかかとまでは一直線に

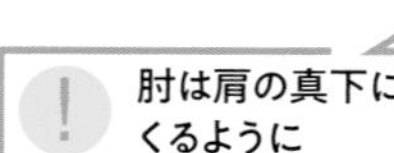

! 肘は肩の真下にくるように

× 背中が曲がっていると、正しく鍛えられないのでNG

× 頭の下がりすぎもNG。頭からかかとのラインは一直線に

難易度
高

B

両肘は肩幅に開き、肩の真下にくるようにし、両足は腰幅に開き、腕立て伏せの姿勢をとる。頭からかかとまでが一直線になるようにして、この姿勢を、20秒を目標にキープする。体を支える面がAよりも小さくなる分、難易度が上がる

両足は腰幅に開く

難易度
低

C

両肘から先と、両膝を床について、体を持ち上げる。両肘は肩幅に開き、肩の真下にくるようにする。両脚は床と垂直になるように持ち上げる。背面が一直線になるようにして、この姿勢を、20秒を目標にキープする。体を支える面がAよりも大きくなり、難易度は最も下がる

背面は一直線にする

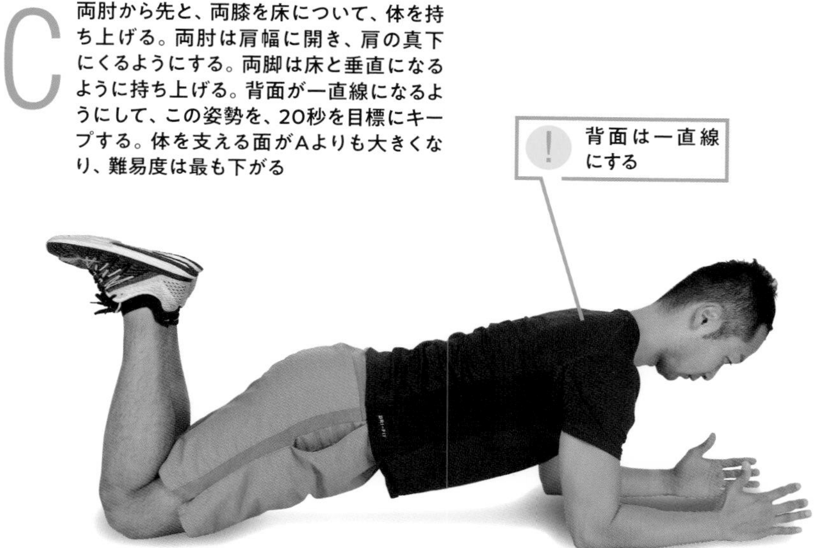

前面　側面　コアトレーニング 04 姿勢維持のためのコアトレ

プランクローテーション

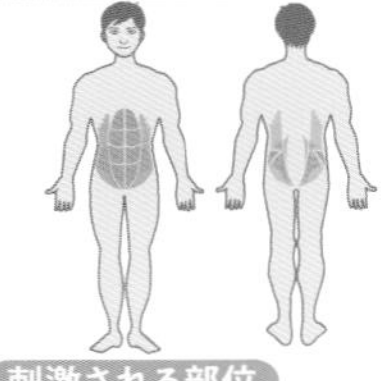

刺激される部位
腹筋の前面、側面

目的　刺激される部位が、真下を向いているときは腹部の前面だが、胸を開いていくと側面に切り替わっていく。コア部を1面だけでなく2面（前面、側面）使うので、強度が上がる。

種目 　**回数** 左右**5**回ずつ

1 両肘から先が肩の下にくるようにして床につく。両足は腰幅に開き、両足のつま先は床につけて、体が一直線になるように持ち上げる

肘の角度は変えない

2 左肘は床につけたまま、上体を起こしていき、右肘を真上に上げる。この姿勢を3秒キープする。元の位置に戻り、左右を入れ替えて繰り返す

左肘を真上に上げて左右を入れ替える。頭の位置を変えないこと、かかとまでのラインをキープすることが大切

 コアトレーニング 05 姿勢維持のためのコアトレ

マウンテンクライマー

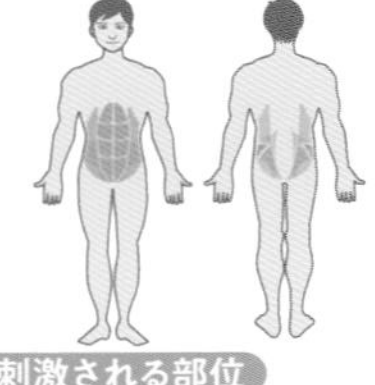
刺激される部位
腹部

目的 腹部の前面にかなりの負荷がかかるが、筋力が弱いと腰が反ってしまったり、ねじれてしまったりする。左右差が顕著に出るので、その点も把握しておく。

種目  回数 左右**10**回ずつ

1 写真のような台や椅子の座面などに手をつき、頭からかかとまでを一直線にし、つま先を床につける（プランクの姿勢）

お尻が上がって、頭からかかとまでが一直線になっていないのはNG

膝を台に近づけるとき、上体を反りすぎたり、顔を起こしたりするのもNG

2 右脚の膝を曲げて、台に近づける。この姿勢を3秒キープする。元の位置に戻り、左右を入れ替えて繰り返す

Variation

ボールを使って！

バランスボールがある場合は、ボールに肘から下をつけて行うのもいい。ボールがあることで不安定な状態になる。不安定な状態でもできるようにやってみよう

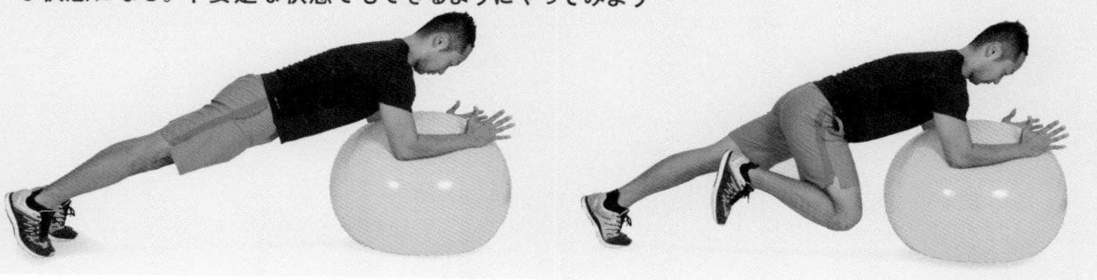

コブラ

コアの前面の筋力が不足していると、腰が反りすぎてしまいがちだが、逆に、猫背で背中が丸まりやすい人は、コアの後面に力を入れることが苦手な場合が多い。自分の弱い箇所を知って、バランスよく強化することが大切。

目的　コブラは、とくに上半身の背筋部を鍛えることができるが、臀部やハムストリングスなど後面全体にも刺激が入る。

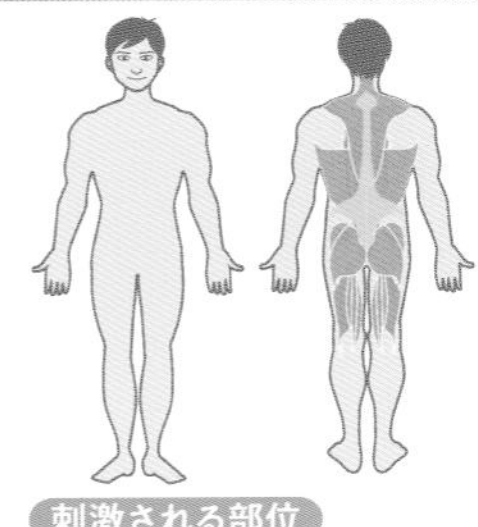

刺激される部位
背面、臀部、ハムストリングス

種目　回数 **10**回

1 うつ伏せになり、両足を腰幅に開く。両腕は体側から少し離して伸ばす。額を床につけて、両手の親指を上に立てる

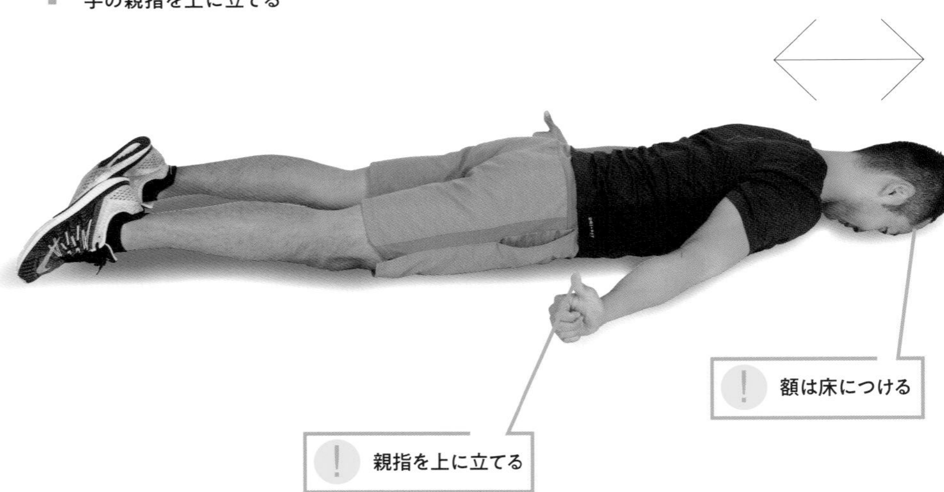

2 背筋を使って、上体と足部を床から浮かせる。この姿勢を5秒キープして、元に戻る。これを繰り返す

! 背筋を使って上体を上げる

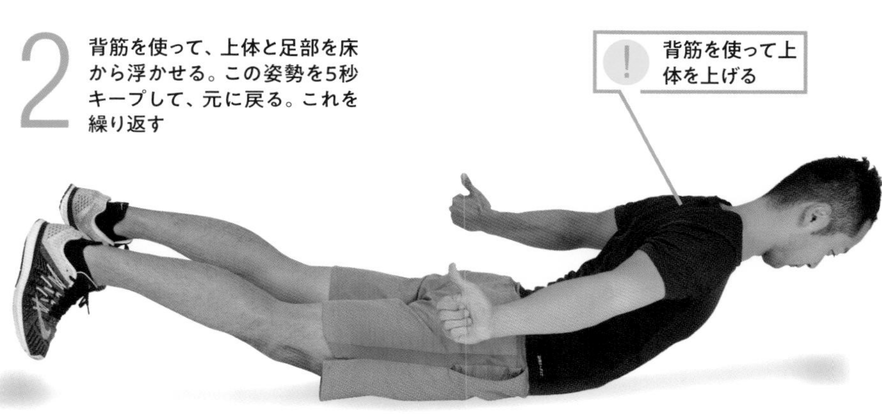

○ 親指を上方向に立てることで、背中に力が入りやすくなる

× 両手を広げて行うと、使う筋肉が変わってくるのでNG

後面 コアトレーニング 07 姿勢維持のためのコアトレ

ヒップリフト

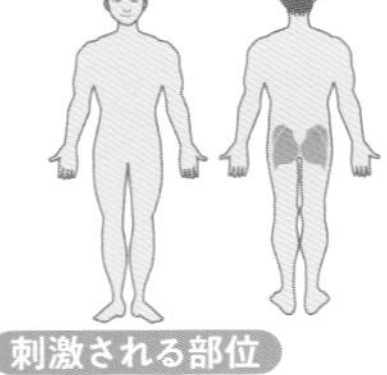

目的 後面全体が鍛えられるが、臀筋群を使って体を真上に持ち上げるので、臀筋群に最も負荷がかかる。膝の角度が大きくなるとハムストリングスへの負荷が大きくなるので、膝は90度に曲げ、真下に踏んづける意識を持つ。

種目  **回数** 10回

1 仰向けになり、膝を90度に曲げ、足裏は床につける。両腕を体側に置き、手のひらは床につける

2 膝から肩までが一直線になるように、腰を浮かせる。この姿勢を3秒キープして、元に戻る。これを繰り返す

片脚ヒップリフト

ヒップリフトを片足支点で実施すると、強度がアップする

1 仰向けになり、膝を90度に曲げ、左足裏を床につけたまま、もう一方の右足を左脚の膝上の高さまで上げる。両腕を体側に置き、手のひらは床につける

2 膝の角度を変えずに、空中に浮かせている右足をさらに高く上げる。この姿勢を3秒キープして、元に戻る。左右の脚を替えて繰り返す

Variation

かかとを支点に強度を上げる

床につけている足のつま先を上げて、かかとを支点にして行うと、さらに強度が上がる

ワンレグムーブ

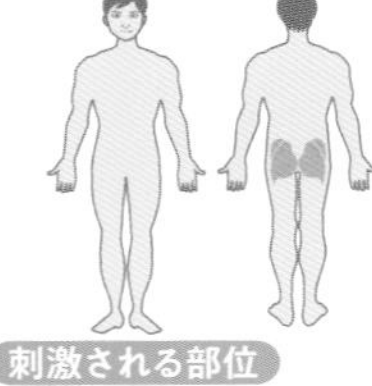

刺激される部位
臀筋群

目的 床についている足の側の臀部に力が入った状態で、浮かせている脚を上下に動かすので、一方の臀部に大きな負荷をかけることができる。浮かせている脚を、左右に動かしたり、弧を描くように動かしたりすると強度が上がる。

種目  回数 左右**10**回ずつ

1 仰向けになり、両腕を体側に置き、手のひらは床につける。右脚は膝を90度に曲げ、足裏を床につける。背中を床から浮かせて、左脚を伸ばし、胸から足先までが一直線になるようにする

2 浮かせている左脚を、床につかない程度に下ろす

3 浮かせている左脚を、右の膝より高く上げる。これを10回繰り返す

Variation

脚を左右に動かす

浮かせている脚を左右にスライドさせたり、円を描くように動かしたりするのもよい

後面 コアトレーニング 09 姿勢維持のためのコアトレ

クラブリーチ

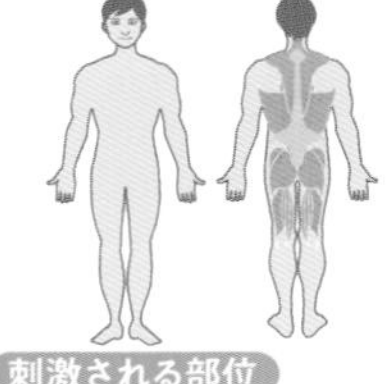

目的 胸を開いて、手で床を押すので、ヒップリフト（68～69ページ）と同様に臀部が刺激されるだけでなく、上半身の筋力も必要となり、負荷が大きくなる。胸のストレッチになるので、猫背の人にとくにおすすめ。

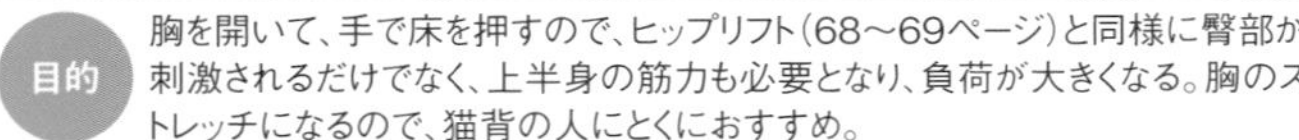

種目 回数 10回

! 目線は指先と同じ方向

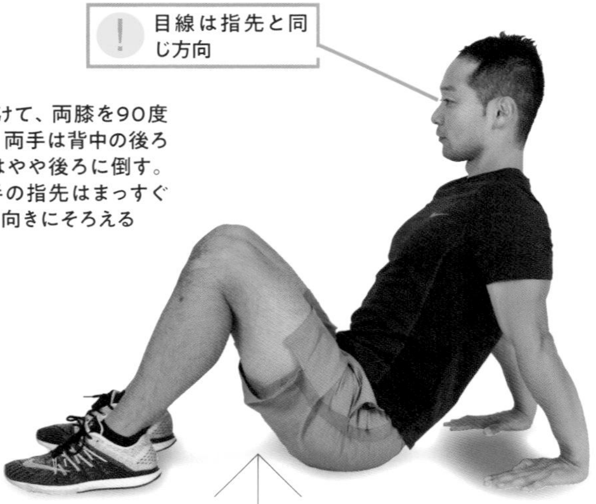

1 両足を床につけて、両膝を90度に曲げて座る。両手は背中の後ろにつき、上体はやや後ろに倒す。このとき、両手の指先はまっすぐに。目線と同じ向きにそろえる

2 床と平行になるように体を持ち上げる。この姿勢を3秒キープして、元に戻る。これを繰り返す

! 両膝は90度に曲げる

Variation

強度がアップ！
片手だけ床につけて行う

1 右手を床につけ、左肘は90度に曲げて上に向け、床に座る

2 左肘の角度はキープしながら、体を持ち上げていく。目線は左手指先

3 左手をまっすぐ伸ばし、床と平行になるくらいまで体を持ち上げる

側面 コアトレーニング 10 バランスを整えるためのコアトレ

サイドベンド

陸上競技のどの種目でも、片足で体を支える局面が出てくるが、体幹の側部がしっかりしていないと姿勢が崩れる。また、前面と後面のバランスが大事なのと同様に、左右差が小さくなるようにバランスよく鍛えることが必要だ。

姿勢を維持するのに必要な体幹の側部を鍛える。横を向いたときに、側部の上部を使って、上体を引き上げる。

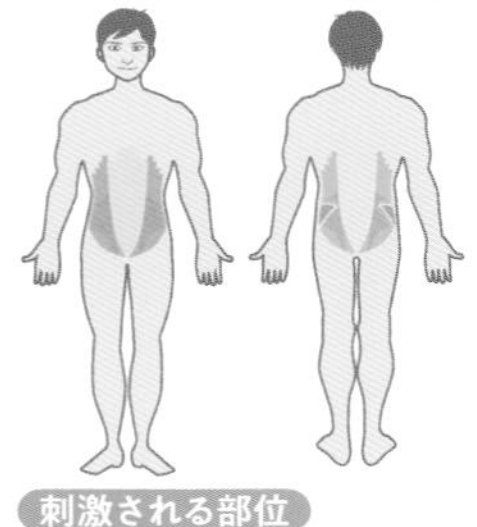

刺激される部位
外腹斜筋、内腹斜筋

種目  回数 左右**10**回ずつ

1 横向きに寝て、両膝を90度に曲げる。下側になっている右脚は前方に出し、上側の左脚は真上に上げる。右手で逆側の脇腹に手を添え、左手は後頭部に添える

! 両膝の角度は90度

2 脚の位置を変えずに、上体を起こしていく

3 左肘が太ももにつくくらいまで、ゆっくりと上体を起こす。元の位置に戻り、これを繰り返す

 コアトレーニング 11 バランスを整えるためのコアトレ

サイドトウタッチ

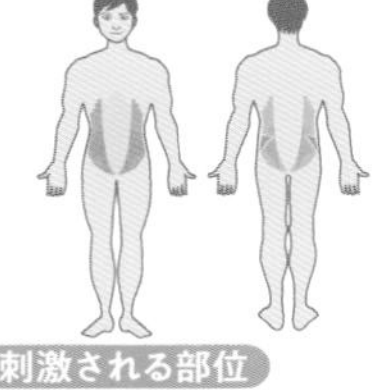

刺激される部位
外腹斜筋、内腹斜筋

目的 鍛えられる箇所はサイドベンドと同じだが、サイドトウタッチは、脚を伸ばして行うぶん、強度がさらに上がる。

  左右**10**回ずつ

1 横向きに寝て、両脚をまっすぐ伸ばし、頭と両脚は床から少し浮かせる。右腕は床につけて、体を支える。左腕は頭の上までまっすぐ伸ばす

2 お腹を支点に、左手でつま先に触れるまで、上体と両脚(くっつけたまま)を上げる。これを繰り返す

Variation

強度がアップ!
お腹に手を置いて行う

1 体を支えていた右手を床から離し、お腹に置く

2 右手をお腹に置いたまま、左手でつま先に触れるまで、上体と両脚を上げる。強度が上がる

 コアトレーニング ⑫ バランスを整えるためのコアトレ

サイドプランク

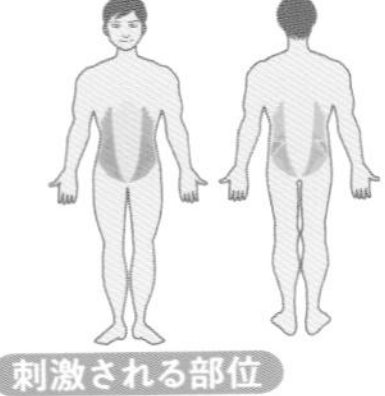

目的 サイドベンド、サイドトウタッチは「近づける⇔離す」を繰り返す運動だったが、サイドプランクは姿勢を維持して自体重を支える運動。動きをともなう種目とともなわない種目(動かず耐える種目)はどちらも必要。

刺激される部位
外腹斜筋、内腹斜筋

  回数 左右**10**回ずつ

1 横向きに寝て、右腕は肘から先を床につく。左腕は、肘を曲げて上げておく。両脚は伸ばして、上の左脚を前に、下の右脚を後ろにして前後させる

! 体のラインは一直線

2 肘で体を支えて、体のラインが一直線になるように、骨盤を浮かせる。この姿勢を10秒キープする

Variation

難易度がダウン！
両膝を床につけて行う

1 難しい場合は、両膝を曲げ、膝を合わせて床につける

2 膝をつけたまま、体のラインが一直線になるように、骨盤を浮かせる。難易度は下がる

 コアトレーニング 13 バランスを整えるためのコアトレ

サイドプランク ヒップアブダクション

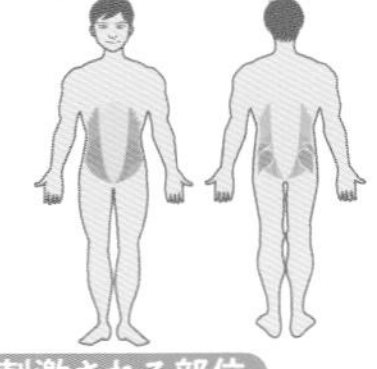

目的 側部で体を支持するのはサイドプランクと同じだが、脚の上下動が加わることで、体幹側部に加えて、中臀筋も鍛えられる。よって、難易度も上がる。

刺激される部位
外腹斜筋、内腹斜筋、中臀筋

 回数 左右10回ずつ

1 横向きに寝て、下側の右腕は肘から先を床につく。上側の左腕は、肘を曲げて上げておく。両脚は、両膝を合わせて足部を後方に置き、床につける

2 肘で体を支えて、骨盤を浮かせ、さらに、上側の左脚を上方に上げる。この姿勢を3秒キープし、元の位置に戻る。これを繰り返す

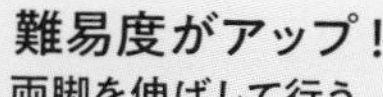

難易度がアップ！
両脚を伸ばして行う

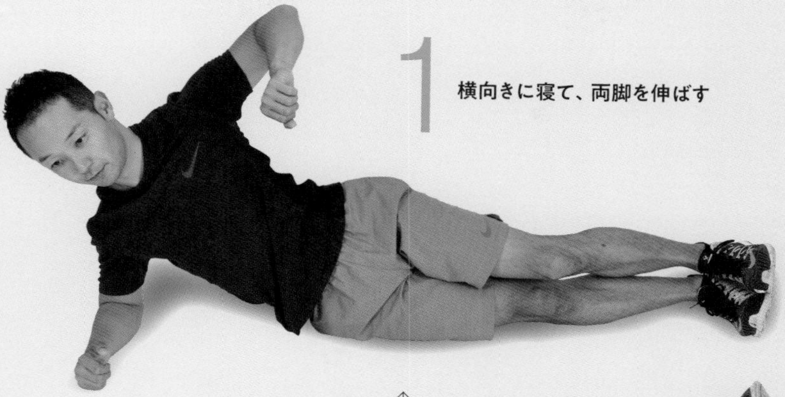

1 横向きに寝て、両脚を伸ばす

2 肘で体を支えて、骨盤を浮かせ、左脚を上げる。両脚を伸ばして行うと難易度は上がる

Advice

さらに難易度を上げる！
両脚を伸ばして行う種目も余裕を持ってできる場合は、上側の脚を前後にスライドさせたり、回旋させたりすると、難易度はさらに上がる。

側面 前面 コアトレーニング 14 バランスを整えるためのコアトレ

サイドtoフロント

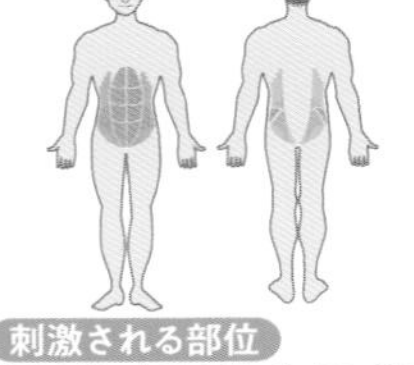

刺激される部位
外腹斜筋、内腹斜筋、腹部の前面

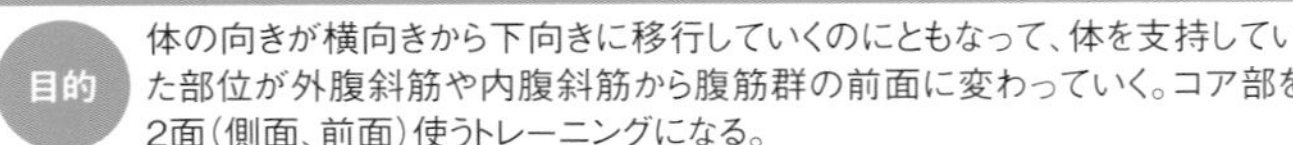

目的 体の向きが横向きから下向きに移行していくのにともなって、体を支持していた部位が外腹斜筋や内腹斜筋から腹筋群の前面に変わっていく。コア部を2面（側面、前面）使うトレーニングになる。

種目   **回数** 左右**10**回ずつ

1 横向きに寝て、下側の右腕は肘から先を床につく。両脚は、両膝を合わせて足部を後方に置き、床につける

2 下側の右肘と膝を支点にして、骨盤を浮かす

3 上体を倒していく

4 上側にあった左腕をまっすぐ前方に伸ばす。この姿勢を3秒キープして、元の位置に戻る。これを繰り返す

ツイスト

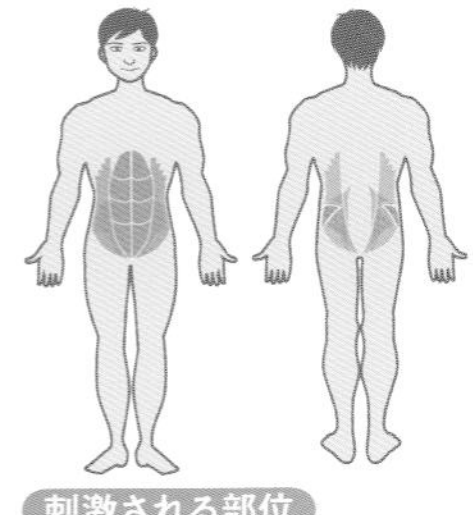

投擲種目では体幹をひねる動作は当然必要だ。走種目もまっすぐ走っているように見えて、実は小さくひねる動作が繰り返され、速度が上がるほど、それを速く行わなければならない。回旋トレーニングはどの種目でも重要だ。

目的 腹斜筋群は斜め方向に走行しているので、コア部を回旋させる“ひねる動作”は、筋肉の向きに沿った運動になる。

刺激される部位
腹斜筋群

種目  回数 左右**10**回ずつ

1 仰向けに寝て、左脚は膝を立てて、足裏を床につける。右脚は腰を浮かせて、足の外側を左膝上に置く。膝を立てている側の左手を後頭部に置き、右手はお腹の上に置く

2 お腹を支点にひねるように上体を起こしていく

3 右膝と左肘をつけて、元の位置に戻る。これを繰り返す

回旋 コアトレーニング 16 ひねる動作に欠かせないコアトレ

サイドツイスティング

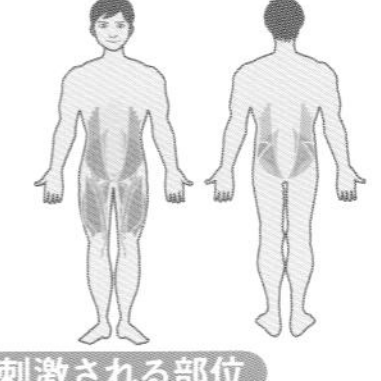

刺激される部位
腹斜筋群、腸腰筋、大腿部の前面

目的 ツイストに脚を引きつける動作が加わり、さらに左右の脚の入れ替えもあるので、ランの動作により近い。脚を捌く動作にもつながるので、短距離種目の人はとくに、素早く行うこと。

種目 **回数** 左右**10**回ずつ

1 胸の前で両腕をクロスさせ上体を起こす。両膝を90度に曲げて床から浮かせる

2 右脚を上げて上体をひねり、左肘と近づける。下側の左脚は、浮かせたまままっすぐに伸ばす。きっちりひねりきったところで、一度静止する

Variation

強度を上げる！

5キロのプレートを持って行う

物足りない場合は、5キロのプレートを持って行うことで強度を上げることができる。また、より遠くにプレートを移動させることで、さらに強度を上げることができる

3

上体を逆側にひねって、左右の脚も入れ替える。2、3を繰り返す

Advice

できるだけ素早く動かす

短距離種目の選手は、とくに素早く動かすといい。ただし、速さばかりを追い求めると動きが散漫になるので注意する。

 コアトレーニング 17 ひねる動作に欠かせないコアトレ

パロフプレス

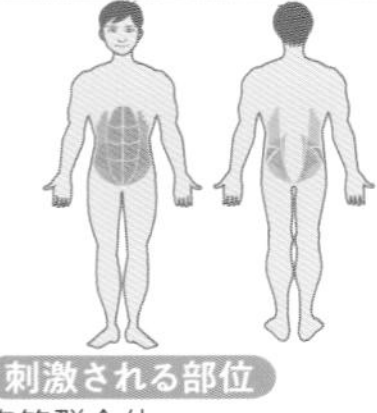

刺激される部位
腹筋群全体

目的　体がチューブに引っ張られ続けるが、その負荷に対して、ねじれないように姿勢を維持する。チューブを上下に動かすことで負荷が上がり、さらに鍛えられる筋肉の範囲も広がる。

   回数 10回

1 チューブを柱などに括りつけるか、チームメイトに持ってもらう（もしくはジムなどにあるケーブルを使用）。背すじを伸ばして片膝立ちし、チューブの端を胸の前で持つ

2 チューブを両手で持ったまま、両腕を前方に伸ばす

3 両腕を伸ばしたまま、頭上まで持ち上げる。上げたら2→1と戻し、これを繰り返す

回旋 コアトレーニング 18 ひねる動作に欠かせないコアトレ

アラウンド・ザ・ワールド

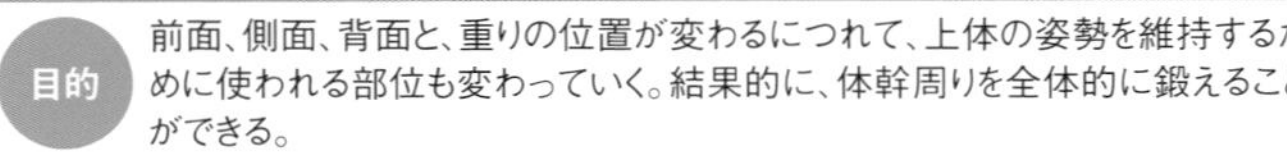

目的 前面、側面、背面と、重りの位置が変わるにつれて、上体の姿勢を維持するために使われる部位も変わっていく。結果的に、体幹周りを全体的に鍛えることができる。

刺激される部位
体幹周り全部

種目  **回数** 左右**10**回ずつ

1

背すじを伸ばして片膝立ちし、胸の前で5キロのプレートを持つ

右膝、左膝とも90度に曲げて行う

Variation

難易度がアップ！

両膝をついて行う場合は、バランスのとり方の難易度が上がる

2 プレートを顔の横、頭の後ろを通して、元の位置に戻す。右回りで行ったら、左回りでも行う。左右の脚を入れ替えて、同様に行う

Advice

プレートの重さを上げる

投擲種目の選手や、さらに強度を上げたい人は、プレートの重さを上げて行ってもよい。

ペットボトルを使用し負荷アップ

水の入ったペットボトルを手に持ち、素早く振りながら、サイドプランクなど姿勢を維持するトレーニングを行う。"揺れ"を加えながら、姿勢を維持しなければならないので、体幹周りの筋肉をより動員する必要があり、難易度が上がる。

種目 時間 それぞれ**30**秒ずつ

A サイドプランクの姿勢

サイドプランク(78ページ)の姿勢を維持しているときに、左手で水の入ったペットボトルを持ち、素早く振る

上の脚は前に出しても後ろに引いてもOK

Advice

持久系のトレーニングにもなる

ケガをしているときに、これらのメニューを組み合わせて、たとえば、A30秒→10秒レスト→B30秒→10秒レスト→C30秒→10秒レストといったサーキットメニューとして取り組むと、心肺機能を強化する持久系のトレーニングにもなる。

B プランクの姿勢

プランク(60ページ)の姿勢を維持しているときに、左手で水の入ったペットボトルを持ち、素早く振る

C 片脚を伸ばしたヒップリフト

片脚を伸ばしたヒップリフト(68ページ)を行い、両手で水の入ったペットボトルを持ち上げて、素早く振る

発展形 コアトレーニング 20 難易度アップのコアトレ

ターキッシュゲットアップ

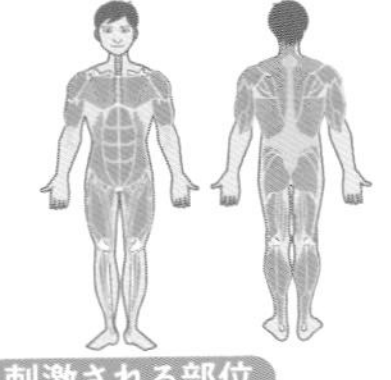

刺激される部位
全身(大臀筋、臀筋、ハムストリングス、肩周り、胸筋など)

目的 これまでは鍛えられる面が1面のものがほとんどだったが、体を支える部位(支点)がそれぞれの局面で変わり、使われる関節も増えるので、さまざまな部位が鍛えられる。

種目 回数 左右**8**回ずつ

1 仰向けになり、右脚は膝を立てて足裏を床につける。左脚は少し開いてまっすぐに伸ばす。上体は背中を床につけたまま、片膝を立てている右手にダンベルを持ち、真上に上げる。左手は床につける

2 上体を起こし、右腕をさらに高く突き上げる。左腕は、肘から先を床につけたままにして体を支える。この姿勢で静止する

3 左腕は、手のひらだけを床につけて体を支え、右腕はさらに高く突き上げる。この姿勢で静止する

4 膝を立てている右足裏を床につけたままにし、もう一方の左足はかかとだけを床につけて、腰を浮かせる。この姿勢で静止したら、3→2→1と戻っていく。これを繰り返す

Advice

その都度静止する

それぞれの姿勢を保持する必要はないが、姿勢ができたら、その都度静止すること。ダンベルの重さは、長距離選手の場合は3キロ程度、投擲選手ならば10キロ程度に上げてもよい。

Column 2

有酸素能力だけでは戦えない!

近年の駅伝やマラソンでは、"高速化"がキーワードの一つになっています。例えば、正月の箱根駅伝は217.1キロを10人でつなぎますが、近年は10時間台の優勝タイムは当たり前になりました。さらには、2020年の第96回大会では、10校が11時間切りを果たしました。現行の距離で史上初めて11時間切りを果たしたのが2011年のことですから、この10年でいかに高速化が進んだかがおわかりだと思います。

高速化の要因の一つには、多くの報道にあるように、シューズなどの用具の進化があると思います。ただ、それだけではありません。もう一つには、ようやくフィジカルトレーニングや走るスキルの習得に取り組むチームが増えてきたことにあるのではないでしょうか。

長距離は、短距離や跳躍などの他の種目に比べて、スキルよりも有酸素能力の比重が非常に大きい種目です。そのため、走りこむことで有酸素能力を磨けば、それだけでもある程度は記録を伸ばすことが可能なのです。

多くの箱根駅伝の指導者の方々も、どのような練習メニューを組み立てれば、選手の持久系の能力を伸ばせるのか、それぞれでメソッドを確立していることでしょう。

しかし、これまでの取り組みでは、たどり着ける領域の天井が見えてきてしまっています。これだけ高速化が進むと、有酸素能力を伸ばすだけでは戦えなくなったという現状があります。さらには、世界との差も開く一方です。正直、長距離の競技者はあまり器用ではない選手が多い傾向にある気がしますが、ケニアやエチオピアといった世界のトップ選手と戦うには、持久系の能力に加えて、自分の体を思うように操れるように、スキルを磨くことが必要だと思います。

また、腹筋、背筋、腕立て伏せといった補助トレーニングは昔からありましたが、それが走ることにどう役立っているのか、その目的は曖昧だった気がします。長距離選手といえども、ハードなトレーニングをこなしたり、効率のいいフォームを身につけたりするためには、筋力トレーニングは必要です。何のためにどこを鍛えているのか、その目的を考えながら取り組むことが大切です。

厚底シューズに注目が集まっているが、シューズの進化は高速化の一つの要因にすぎない

上半身トレーニング

走る、跳ぶという動作は、
下肢ばかりを重視しがちです。
日本と世界との差は、
上肢の部分の鍛え方の違いにあるのでは?
上肢の鍛え方、使い方がいかに大切かを解説します。

走るために上肢はなぜ大切か

日本と世界の差は上肢の部分にあり

日本の陸上競技選手の体のフォルムを見ると、とくに中長距離のランナーは、明らかに上肢（肩から手の指先まで）と下肢（股関節から足の指先まで）とで、肥大の仕方がアンバランスな印象があります。脚の筋肉は大きいのに、腕は華奢（きゃしゃ）なのです。それほど、日本では上肢が軽視されてきたということなのでしょう。

実際に「なんで上肢を鍛えることが必要なのですか？」と疑問を持つ人は多いようです。ですが、日本と世界との差は、上肢の部分にあるような気がしています。

上肢と下肢の関係は作用と反作用

日本人でもスプリント系の種目で世界大会に出場している選手に目を向けると、100m 9秒台の記録を持つサニブラウン・アブデル・ハキーム選手（フロリダ大）にしても、小池祐貴選手（住友電工）にしても、上肢がものすごく発達しています。

上肢と下肢とは作用と反作用の関係にあるので、下肢で大きい力を発生するには、上肢を力強く振れるということが絶対に大切です。

つまりは、走るという運動においてパフォーマンスを上げるには、脚だけを鍛えればいいというわけではないのです。また、走るトレーニングだけをやっていても上肢は発達しないので、筋力トレーニングで鍛えなければなりません。

短距離選手を例に出しましたが、長距離においても、速度を出すためには力強い腕振りは大事ですし、そのためには上肢のトレーニングが必要です（もっとも、上肢が重くなりすぎると別の問題が出てきますが、中高生のうちはそこまで気にする必要はないでしょう）。

大迫傑選手は、腕振りに課題を持っていました。彼が理想とする走り方をするには、上半身の筋力が足りなかったのです。その改善のために、アメリカに渡った大迫選手は、上半身のトレーニングに取り組み、腕振りを改善。もちろん上半身だけでなく、臀部周りなど下半身も強化した結果ですが、学生時代には48キロしかなかった体重が、今では52～54キロに増え、いっそう力強い走りになりました。

肘からまっすぐ後ろに引くことは難しい

とくに、後ろに“引く”という動作は、日常生活にはあまりない動作なので、苦手な人が多いように思います。スピードを出すには、腕を肘からまっすぐ後ろに引くことが大事なのに、それがなかなか難しいのです。

それでは“引く”ことを意識すれば後ろに引けるのかというと、そもそも上肢の筋力が足りないので、腕を横に振ったり、抱え込むように振ったりしがちなのです。

長いバットよりも短いバットのほうが扱いやすいのと同じで、小さい筋力なりになんとか運動を成し遂げようとするので、そのような腕振りになってしまうのですが、それでは大きな力を発揮できません。

体を上に弾ませるためにも上肢は重要

跳躍種目の選手にとっても、踏み切りの一瞬でどれだけ力を生み出せるかは、上肢の使い方にかかってきます。腕を振り込む速度が速ければ速いほど、また、腕の止まり方が急であるほど、力が生み出され、体が上に弾むことになります。

Part 6で紹介しているジャンプ系の種目を、上肢を使わないようにしてやってみると、上肢がいかに大事かを理解できると思います。

走る、跳ぶという動作は、下肢ばかりを重視しがちですが、このように上肢も重要なのです。

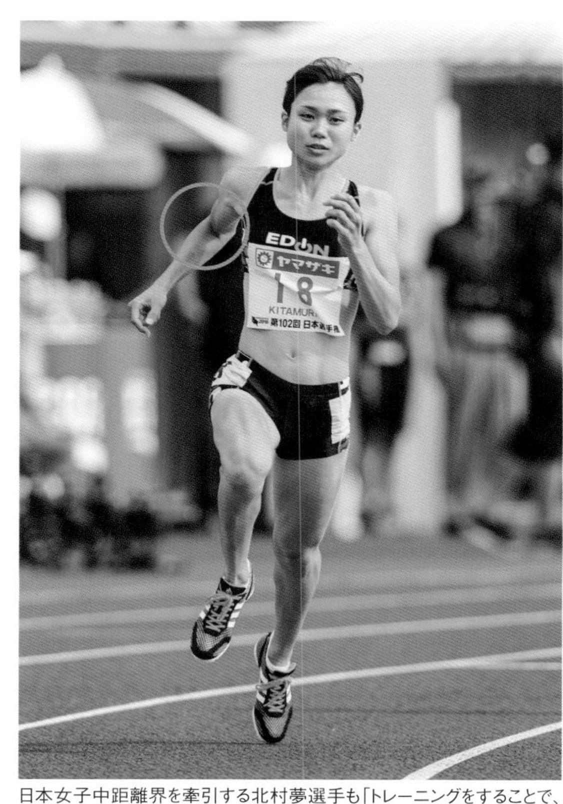

日本女子中距離界を牽引する北村夢選手も「トレーニングをすることで、腕振りが変わりました」と語り、上肢の筋力アップの大切さを実感している

押す 上半身トレーニング 01 力強い腕振りにも生きる

ダンベルプレス

ダンベルプレスは、ダンベルを持った腕を上げ下げするが、真上に押し上げる動作は、投擲種目ではもちろん、ランニング時の腕振りでも重要だ。広背筋も使われるので、力強い腕振りに生きてくる。

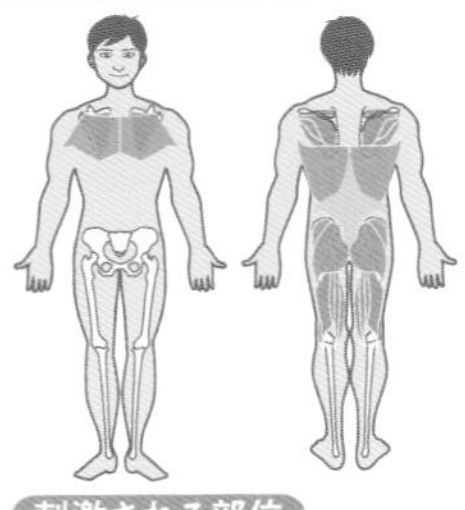

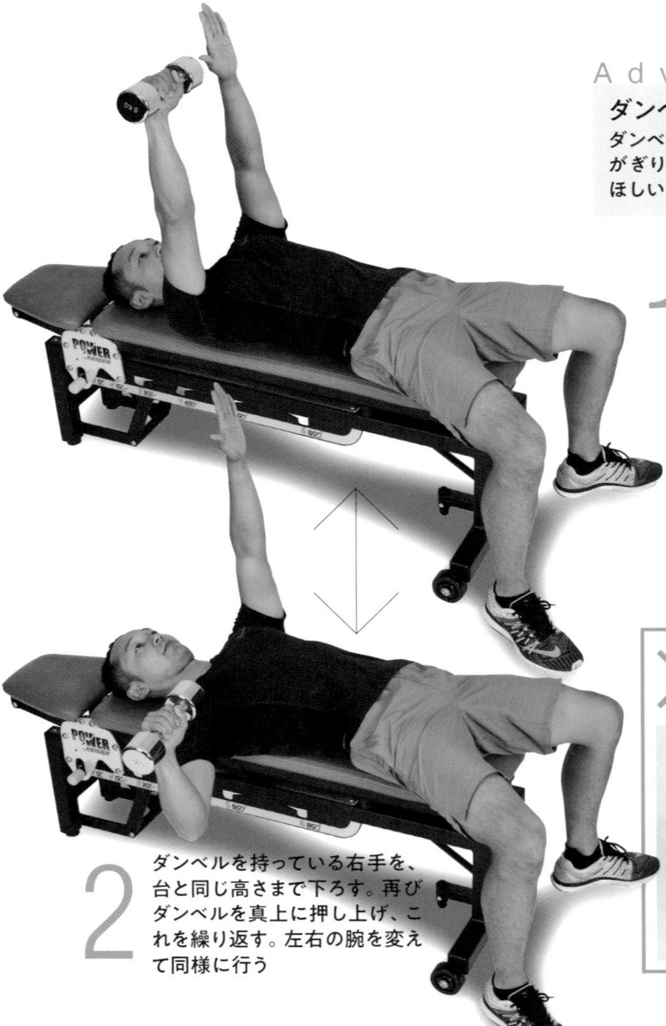

目的 ダンベルプレスでは基本的には胸部が鍛えられるが、台にのせる体の面を小さくすることで、難易度が上がるだけでなく、鍛えられる部位も増える。

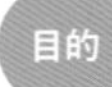

種目 **回数** 左右**10**回ずつ

刺激される部位

胸部、広背筋（バリエーション：臀筋群、ハムストリングス）

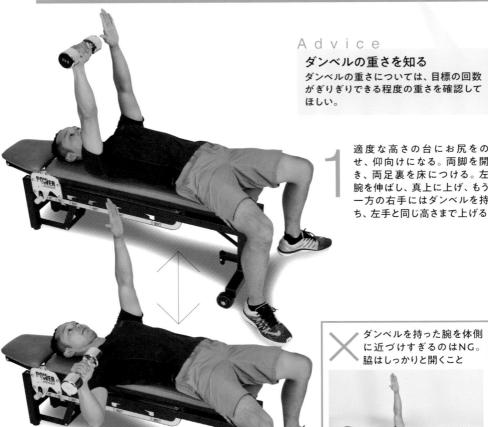

Advice

ダンベルの重さを知る

ダンベルの重さについては、目標の回数がぎりぎりできる程度の重さを確認してほしい。

1 適度な高さの台にお尻をのせ、仰向けになる。両脚を開き、両足裏を床につける。左腕を伸ばし、真上に上げ、もう一方の右手にはダンベルを持ち、左手と同じ高さまで上げる

2 ダンベルを持っている右手を、台と同じ高さまで下ろす。再びダンベルを真上に押し上げ、これを繰り返す。左右の腕を変えて同様に行う

× ダンベルを持った腕を体側に近づけすぎるのはNG。脇はしっかりと開くこと

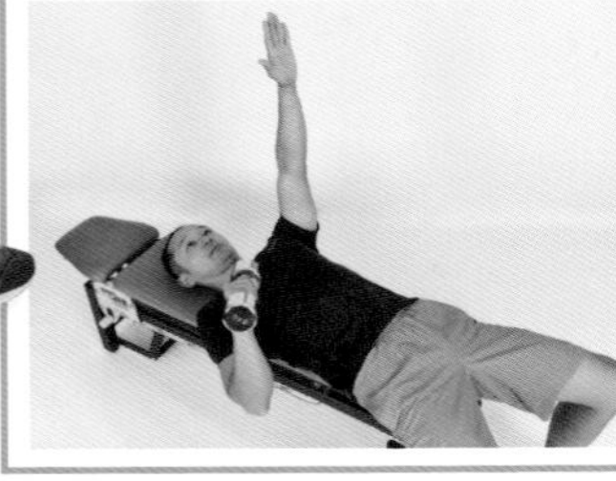

Variation

ダンベルプレス（上半身のせ）

適度な高さの台に、上半身だけをのせて同様に行うことで負荷を上げることができる

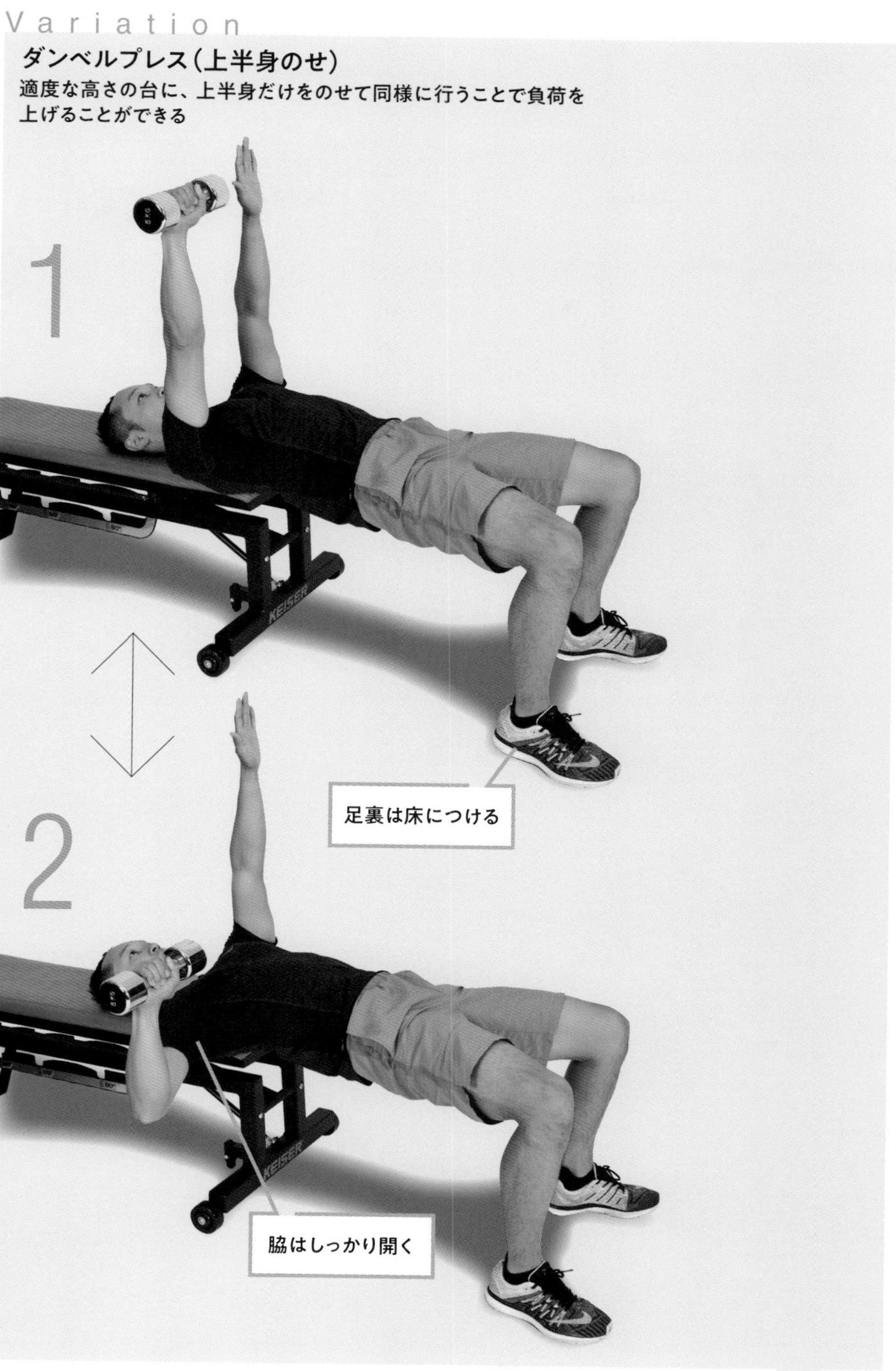

Variation

ダンベルプレス（逆側肩甲骨のせ）

ダンベルを持っているほうの手とは逆側の肩あたりを適度な高さの台にのせて行う。台にのせる面をより小さくすることで、さらに負荷が上がる

Advice

お腹に力を入れる

上体を支える面が小さい分、意識してお腹に力を入れる。

1

ダンベルを持っている肩あたりは、台にのっていない状態

2

台にのっている面が小さいほど負荷が上がる

お腹に力を入れて、脇を開いてダンベルを下げてくる

Variation

ダンベルプレス(片脚挙上)

「逆側肩甲骨のせ」の姿勢から、ダンベルを持っている手とは逆側の脚を、上体と一直線になる高さまで上げて行う種目。さらに負荷が上がる

1

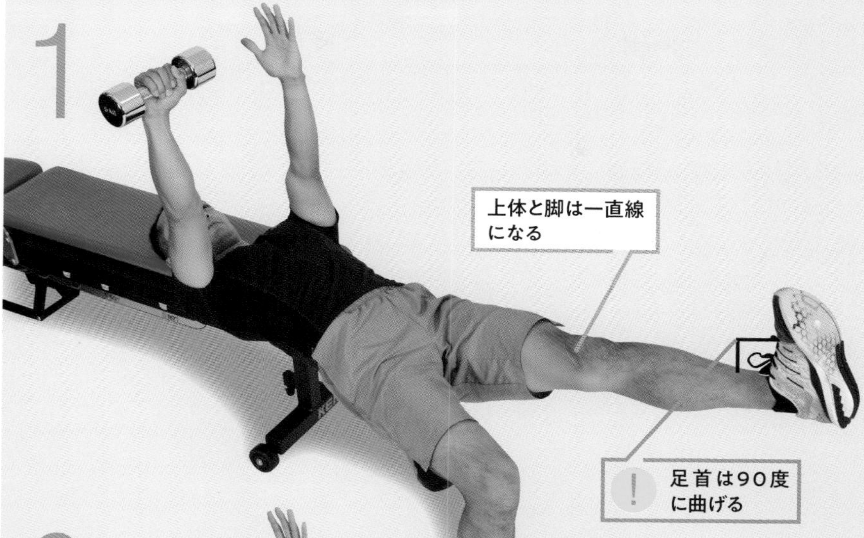

上体と脚は一直線になる

足首は90度に曲げる

2

負荷はさらに上がる

プッシュアップ

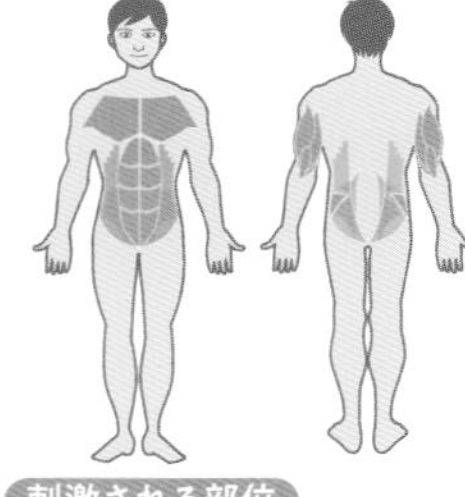

プッシュアップとは、いわゆる"腕立て伏せ"のこと。プランク(60〜61ページ)の姿勢をきれいにつくり、腕で床に力を伝えることが重要だ。また、肩の幅を変えることで鍛えられる部位も変わる。

目的 ランニング時の腕振りに役立つが、それは体幹部分をしっかり固定できていることが前提になる。誰もが一度はやったことのあるトレーニングだが、正しい形で行うことが大事。

種目 回数 **10**回

1 両手を胸の下で床について、体を持ち上げる。頭からかかとまでが一直線になるようにする

頭からかかとまで一直線に
背中が丸まるのはNG。丸まらないように気をつける

2 頭からかかとまでを一直線に保ったまま、胸が床につく手前まで上体を下ろしていく。元の位置に戻り繰り返す

腰が落ちてしまうのはNG。背中が反らないように気をつける

Variation

腕の幅を変える！

A 腕の幅が肩幅より広い

腕の幅を肩幅より広げるほど、鍛えられるメインの部位が、上腕三頭筋から大胸筋のほうになる

大胸筋のほうがメインに鍛えられる

B 腕の幅が肩幅よりやや広い

オーソドックスな形。大胸筋と上腕三頭筋の両方が鍛えられる

腕幅は肩幅よりやや広め

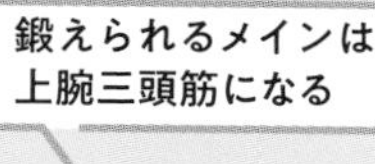

C 腕の幅が肩幅と同じ

鍛えられる部位が、大胸筋よりも上腕三頭筋のほうがメインになる

腕幅は肩幅に

鍛えられるメインは上腕三頭筋になる

プッシュアップ Variation

さらに強度を上げるための、3種類のプッシュアップを紹介する。

クロコダイル

1 胸の下で両手を床について、体を持ち上げる。頭からかかとまでが一直線になるようにする

2 上体を下ろしていくのと同時に、左脚の膝を曲げて、肘に近づける。元の姿勢に戻り、今度は右脚で同様の動作を繰り返す

! 脚を曲げている側の腕に体重がのり、その腕へのトレーニング効果が増す

ヤモリ

1 手を前後につく（右手は顔よりも前に、左手は肩よりも下の位置につく）

2 プッシュアップを行う。これを繰り返す

前に出した腕側は、より肩の上部を刺激している

後ろの腕側は、より背中の下部を刺激している

ジャンプ

1 プッシュアップの開始姿勢をつくり、つま先を床につける

2 つま先をつけたまま、床から両手を離し上体を押し上げて、胸の前で手を叩く。これを繰り返す

上半身で押す力を、短時間で一気に爆発的に発揮する必要がある

ダンベルローイング

ダンベルローイングは、腕の“引く力”をつけるトレーニング。腕を後ろに引くという動作は日常生活ではあまりないので、意識して取り組むことが大切になる。

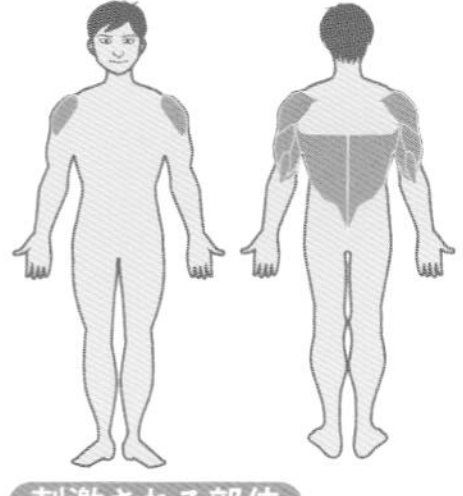

刺激される部位
広背筋、三角筋、上腕三頭筋

目的 広背筋を使って、腕をしっかりと引くことが目的。ランニング時に腕を横に振ってしまう人にとくにおすすめ。

種目  回数 左右**10**回ずつ

1 適度な高さの台の上に、右膝をつき、左脚の足裏は床につける。右手を台の上につき、左手でダンベルを持つ。上体は前傾させ、背すじをまっすぐに保つ

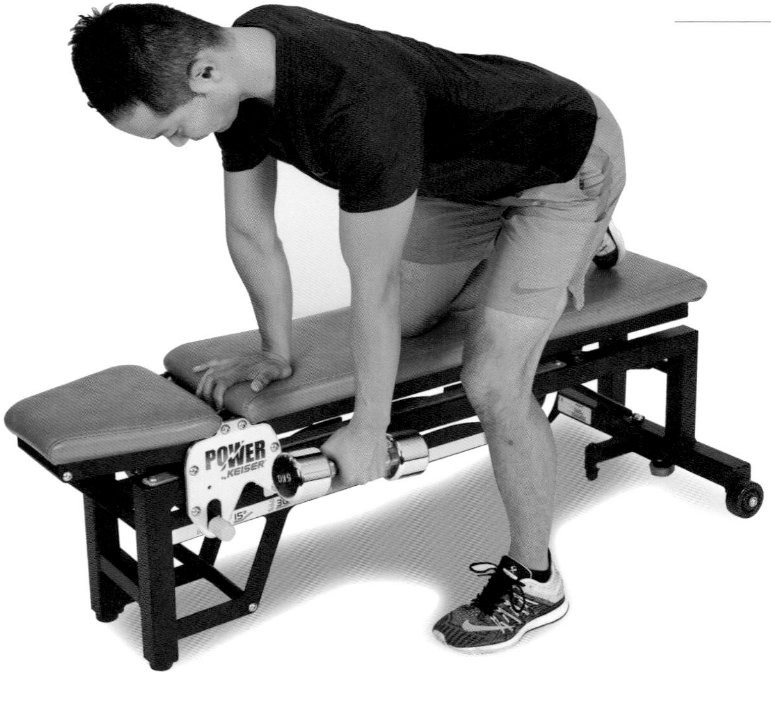

肩はまっすぐ上に引き上げる。脇が外側に
開いたり、胸が開きすぎたりするのはNG

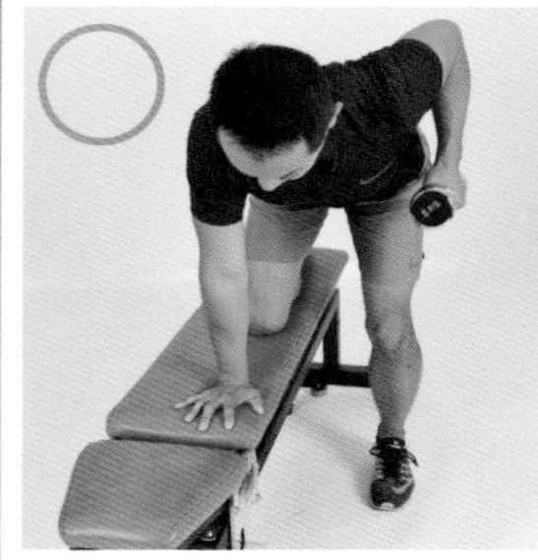

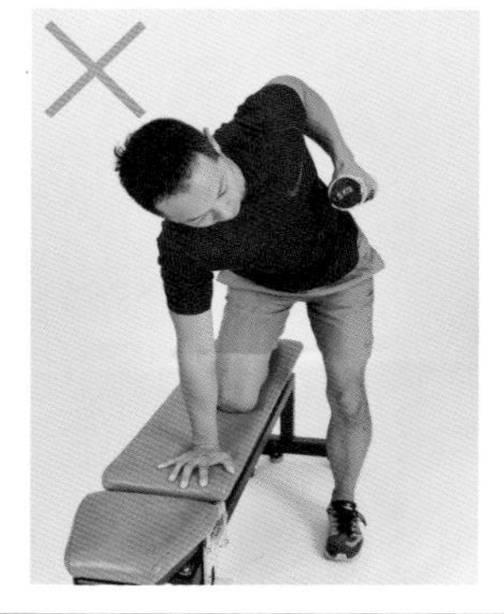

2 肩甲骨を使って、しっかりと
ダンベルを引き上げる。上
げ下げを繰り返す

 上半身トレーニング 05 大腿部や臀部の筋肉も使う

ダンベルローイング（片脚）

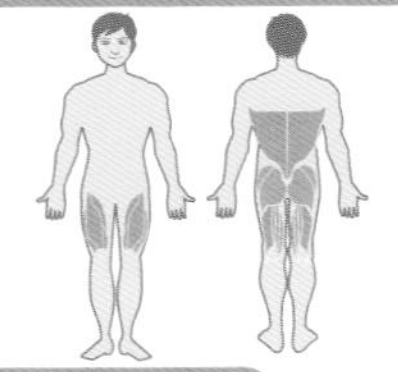

目的 軽くスクワットをするような姿勢でダンベルを引き上げるので、難易度が高いうえに、広背筋に加え大腿部や臀部の筋肉も使われる。

刺激される部位
広背筋、大腿部（前面、ハムストリングス）、臀部

種目  回数 左右10回ずつ

1 左脚で立ち、右脚は後方に伸ばす。上体を前傾させ、背すじをまっすぐに保つ。両腕は真下に下ろし、床についている左脚とは反対側の右手にダンベルを持つ

背すじをまっすぐ伸ばす

2 肩甲骨を使って、しっかりとダンベルを引き上げる。上げ下げを繰り返す

× 胸を開いてダンベルを引き上げるのはNG。しっかりと肩甲骨を意識すること

チンニング

チンニングとは懸垂のこと。かなり負荷の大きいトレーニングだが、自分の体重を引き上げるくらいの筋力は、陸上競技のすべての種目において身につけてほしい。

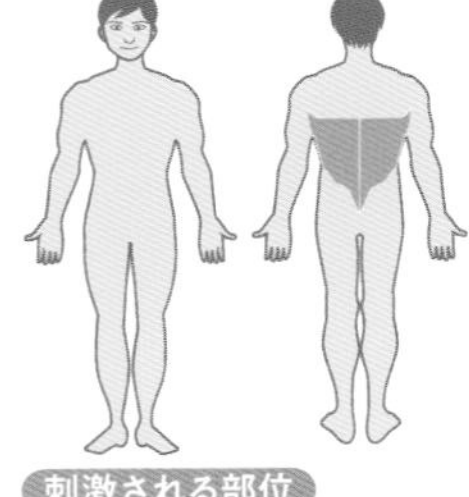

刺激される部位
広背筋

目的 ここでは腕ではなく広背筋を鍛えることが目的。肘を体の前面ではなく、側面で折りたたむことにより、広背筋が鍛えられる。

   10回

種目 回数 10回

1

肩幅より広く両手を開いて、鉄棒などにぶら下がる

Advice

補助もOK！

体が上がらない場合は、補助してもらってもOK。

×手の位置を肩幅よりも狭くすると、広背筋よりも腕の筋力が相当必要になるのでNG

2 肩甲骨を引き寄せることを意識して、あごがバーにつくくらいの高さまで体を上げていき、元の位置に戻る。これを繰り返す

Column 3

短距離の技術革新

日本スプリント界にとって100mで10秒を切ることは長らく大きな壁でした。1998年には伊東浩司さんが10秒00をマークし、あと一歩と迫りましたが、それ以降も10秒の壁をなかなか破れずにいました。

歴史が変わったのは2017年の9月。当時、大学生だった桐生祥秀選手（現・日本生命）が9秒98をマークし、ついに快挙を成し遂げました。すると、2019年にはサニブラウン・アブデル・ハキーム選手（フロリダ大）が9秒97と、さらに日本記録を更新。また、小池祐貴選手（住友電工）も9秒98をマークし、9秒台の日本人スプリンターが一気に3人になりました。この3人だけでなく、有望な若手選手がめきめきと力をつけています。

日本スプリント界が、今、どのようにして活況を迎えようとしているのでしょうか。話は1991年の世界陸上東京大会まで遡ります。この大会では、男子100mでカール・ルイス（アメリカ）が9秒86の世界新記録を樹立。男子4×100mリレーでもアメリカチームが37秒50の世界新記録を樹立しました。その一方、日本陸連はバイオメカニクス研究班を組織し、多くのビデオカメラを使って、フォームやスピードの変化など、ルイスら世界トップ選手の走りを解析しました。こういった科学的なサポートが始まって、理想の走りを実現するためには何が重要かを分析。そのために必要な筋力を鍛えたり、関節の可動域を大きくしたり、また、走りのスキルも向上させました。

つまりは、出力を大きくする作業に加えて、スピードを出せる技術が確立されたことで、日本短距離界のレベルが上がっていったのです。そうした科学的なサポートに加えて、次々に才能を持った選手も登場し、2003年のパリ世界陸上では、末續慎吾選手が男子200mで銅メダルを獲得。2008年北京五輪、2016年リオデジャネイロ五輪と男子4×100mリレーでは銀メダルに輝きました。

世界のスプリント界は黒人選手が席巻していますが、約30年前の世界陸上東京大会の時点では、日本人選手が短距離種目でオリンピックの舞台でメダルを獲れるようになるとは、おそらく誰も思っていなかったでしょう。また、オリンピックの100mで日本人ファイナリストは、1932年ロサンゼルス五輪で吉岡隆徳さんが6位に入賞して以来いませんが、いよいよ誕生する日が近いのではないでしょうか。

2016年リオデジャネイロ五輪では、男子4×100mリレーで銀メダルに輝いた

Part

下半身トレーニング

陸上競技にとって下半身は非常に重要。
ただし、アンバランスな体の使い方は、
ケガのリスクを高めることを認識して、
正しいフォームでトレーニングに取り組んでください。

下半身を鍛える

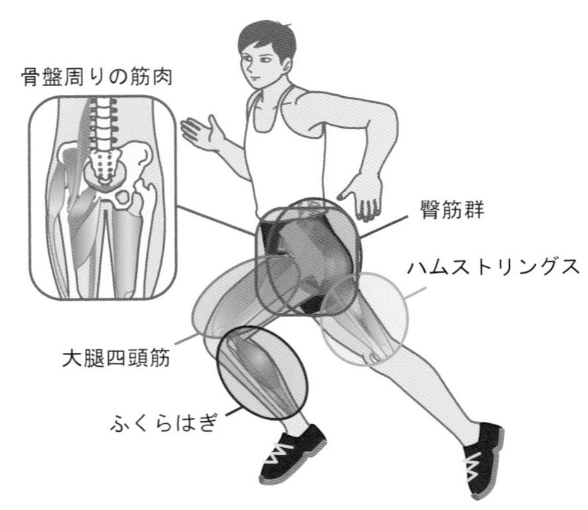

下半身は前側、後ろ側とも鍛えることが大事

陸上競技に取り組んでいる皆さんであれば、下半身を鍛えることが大事なのは、説明するまでもないかもしれません。

走種目では、左右の脚を素早く交互に動かして前に進みますし、跳躍種目と投擲種目でも、踏み切り、踏みこみによって大きな力を生み出すのに下半身は重要です。

臀筋群や大腿部の裏側にあるハムストリングスは、スピードを出すときに大きな力を発揮するので、ランニング時ではとくに重要な筋肉です。中には「ハムストリングスと臀筋群だけを鍛えておけばいい」などという極端な考えを持った人もいるほどです。ですが、裏側だけを鍛えればいいのかというと、そういうわけではありません。

大腿部の前側の筋肉（大腿四頭筋）は、脚を引き上げるために使われるので、加速する局面で大事です。また、接地時に着地衝撃を受け止めるためにも重要な筋肉です。ですので、太ももの前側も後ろ側もバランスよく鍛えることが大事です。また、ふくらはぎも、接地時に重要な働きをしています。足が地面についた瞬間に、ふくらはぎにぎゅっと力が入ることで、体が沈みこまずにすみます。

速く走るためには、接地時間を短くすることが必要ですが、そのためにもふくらはぎは大事なのです。

骨盤周りの筋力も重要になってくる

ランニングでは、必ず、片足だけが地面についているという局面が出てきます。速く走るには、その一瞬に大きな力を出さなければいけません。さらには、その出力を逃さないようにすることも大事です。

例えば、右足が接地したときに、骨盤が外に向いていたり、脊柱が傾いていたりしたら、地面から得られる反力の向きがさまざまな方向に逃げてしまい、前方に進むための力にはなりません。地面反力を全部、前方へ向かうために使われるようにするには、下半身の骨盤周りの筋力が重要になってきます。

一歩で大きな出力を生み出さなければならないスプリント種目はもちろんですが、何千歩も何万歩も繰り返す長距離においても、やはり骨盤周りの筋力が重要なことには変わりありません。

誤ったフォームはケガのリスク大 正しいフォームが大切

筋力アップにはトレーニングが必要ですが、フォームに気をつけることが大切です。

例えば、膝が内側を向いたまま片足スクワット（124ページ）に取り組んだとします。それでは、さまざまな部位がねじれたまま、なんとか回数をこなしただけにすぎず、体をまっすぐに支えるための練習にはなりません。

誤ったフォームで取り組んでも、力を逃してしまう走り方になるだけですし、ケガのリスクも大きくなってしまいます。まずは写真を見て、正しいフォームでそれぞれのトレーニングに取り組んでみてください。

正しいフォームで行うこと

押す 下半身トレーニング 01 爆発的に加速させるために

ダンベルスクワット

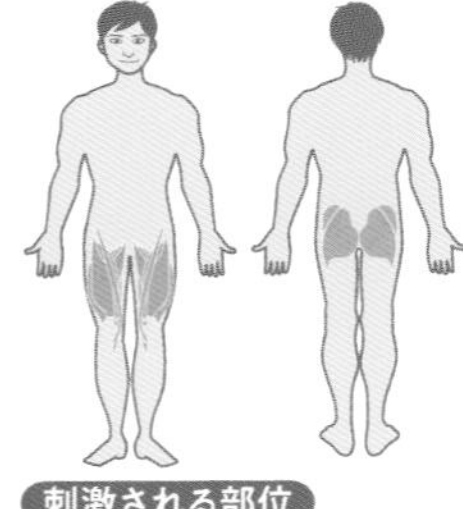

刺激される部位
臀筋群、大腿部の前面

どの種目も自体重のスクワットでは負荷が小さすぎる。走種目でも、スタート時にゼロから爆発的に加速させるので、一気に負荷がかかる。ダンベルなどの重りを持って、自体重以上の負荷をかけて行うのがおすすめ。

目的 臀筋群、大腿部の前面を鍛える。体重をかけて腰を落とすのではなく、骨盤を少し前傾させてラクにすとんと落とせれば、自然に臀筋群、大腿部の前面に力が入る。元の位置に戻るときに床を押すイメージを持つことも大事。

種目 **回数** 10回

1 両脚を肩幅に開き、左右それぞれの手にダンベルを持つ

背すじを伸ばす

Variation

ジャンプして負荷をアップ！

ダンベルを重くすることで負荷を上げることはできるが、重量を上げなくても、腰を落とした姿勢から元の位置に戻るときに、床を蹴ってジャンプすると負荷を上げることができる

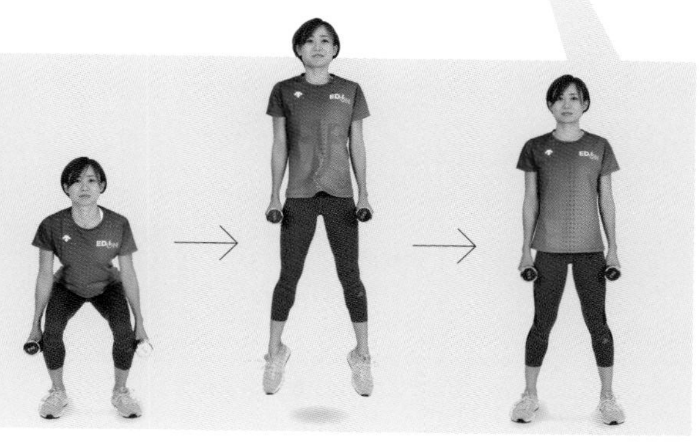

2

背すじを伸ばしたまま、膝と股関節を同時に曲げ、腰を落としていく。元の位置に戻り、これを繰り返す

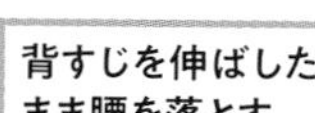
背すじを伸ばしたまま腰を落とす

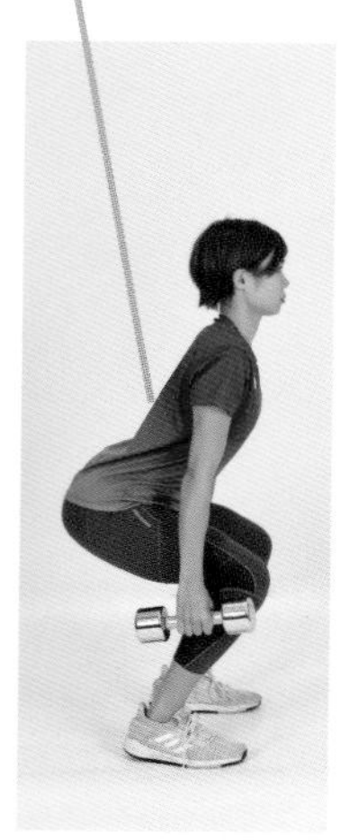

EDION
5KG
5KG

× 背中が丸まるのはNG。丸まらないように注意する

× 膝が内側に入るのはNG

押す　下半身トレーニング 02 腰が反りやすい人におすすめ

ダンベルスクワット（ゴブレット）

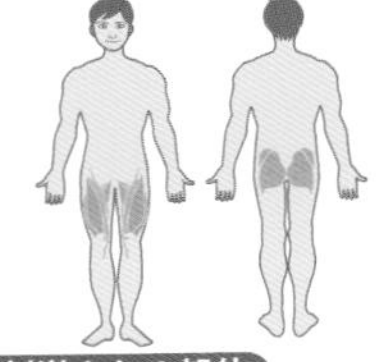

刺激される部位
臀筋群、大腿部の前面

目的　ダンベルを体の前面で持つことで、腰をラクに落としやすくなる。重りが前にくると、腰が反りにくくなるので、腰が反りやすい人におすすめ。

種目　回数 10回

1 両脚を肩幅に開き、胸の前で、両手でダンベルを持つ

2 背すじを伸ばしたまま、膝と股関節を同時に曲げ、腰を落としていく。元の位置に戻り、これを繰り返す

!
太ももが床と平行になる位置まで腰を落とす

押す 下半身トレーニング 03 前脚への負荷をより高める

ダンベルスクワット（スプリット）

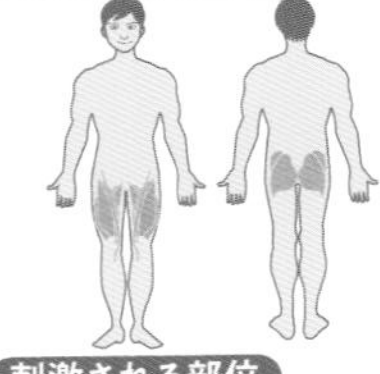

刺激される部位
臀筋群、大腿部の前面

目的 両脚に均等に力がかかるダンベルスクワットに比べ、脚を前後に開くことで、前脚への負荷が増す（前後の負荷の比率は7:3くらい）。両脚スクワットから片脚スクワットに移行する間に行うことで、ワンクッションにもなる。

種目 **回数** 左右**10**回ずつ

1

左右それぞれの手にダンベルを持ち、左脚は1歩ぶん後ろに下げて、足指の付け根付近を床につける。両脚ともに膝を曲げて、上体を前傾させる

! 足指の付け根付近を床につける

2 頭から左脚のつま先までが一直線になるように背すじを伸ばし、両脚の膝を伸ばす。元の位置に戻り、これを繰り返す

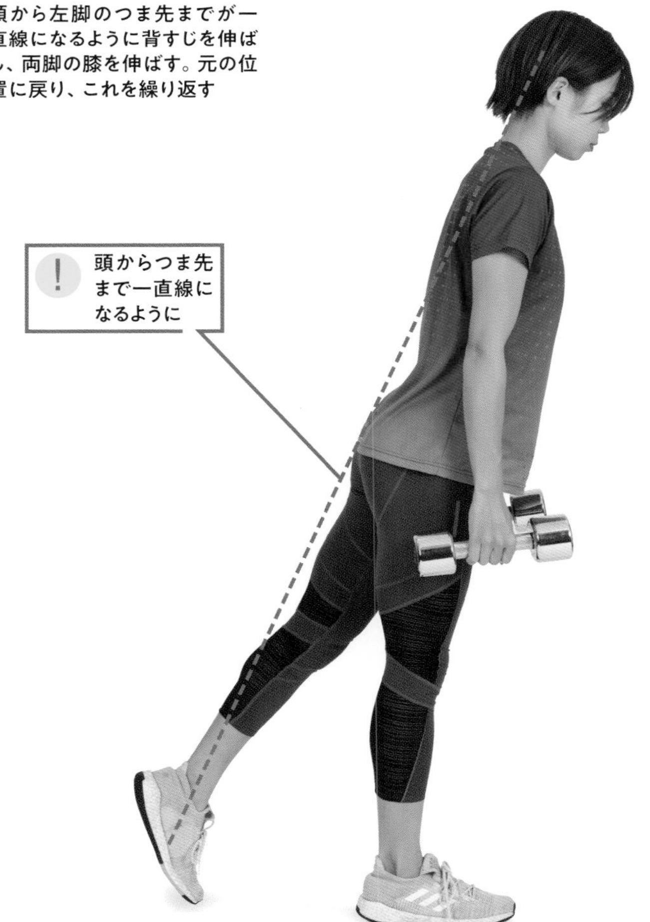

! 頭からつま先まで一直線になるように

押す 下半身トレーニング 04 左右差や癖が出やすい種目

片脚スクワット

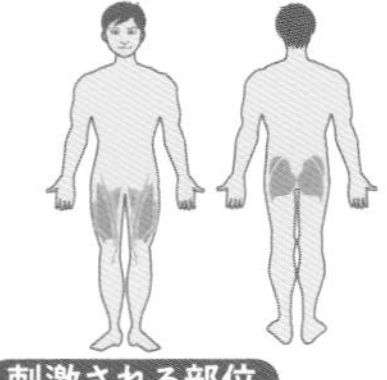

刺激される部位
臀筋群、大腿部の前面

目的 前ページの種目で、前脚、後ろ脚への負荷の比率が7:3だったのが、完全に片脚に10割の負荷となる。強度が上がるだけでなく、膝が内側に入りやすいなど、左右差や癖も出やすい。それらをチェックしながら、バランスよく鍛える。

種目

回数 左右**10**回ずつ

1 直立して、両手でバランスをとりながら、膝を曲げて軽く左脚を浮かせる

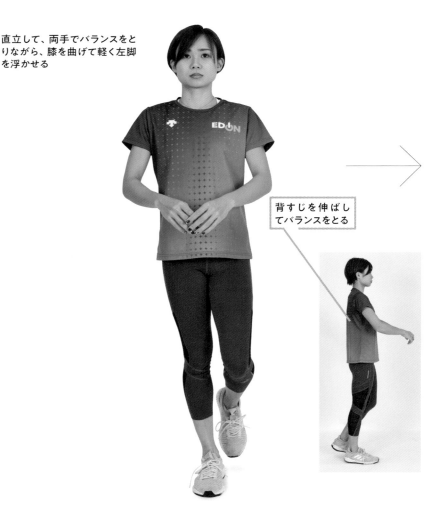

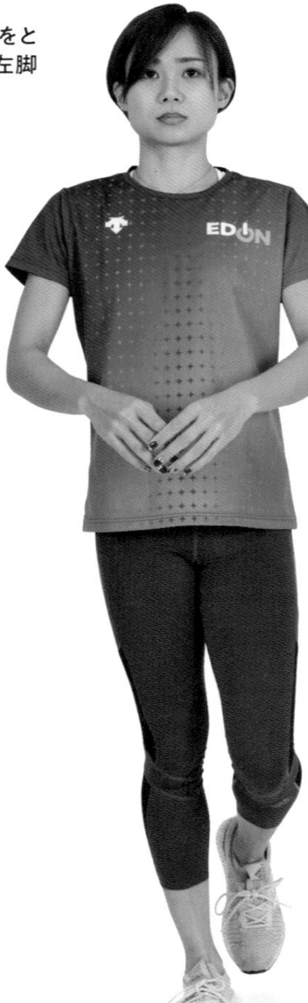

背すじを伸ばしてバランスをとる

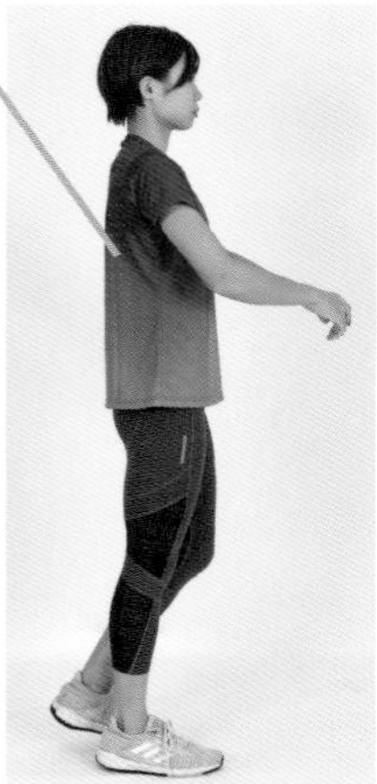

膝が内側に入るのはNG。膝が内側に入るとグラグラしやすいので気をつけること

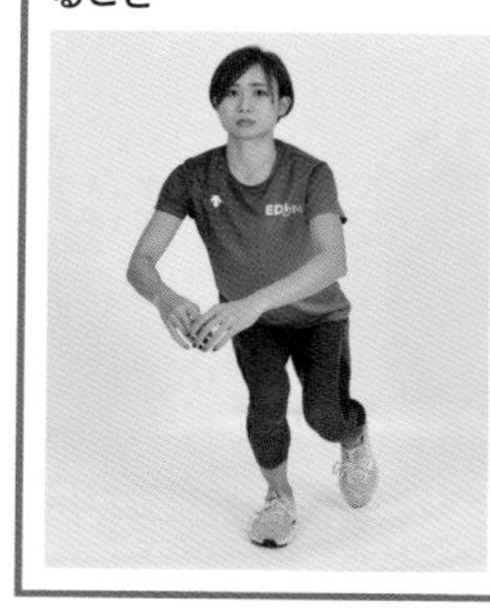

2 バランスをとりながら、まっすぐ腰を落としていく。元の位置に戻り、これを繰り返す

押す 下半身トレーニング 05 下肢全体を強化

ランジ

これまではその場で上下させる動作が多かったが、ランジは前方への重心移動をともなう。また、連続性が出てくるので、ランの動作に近づく。遅い動きの中で、自分の体をコントロールできるようにすることも大切。

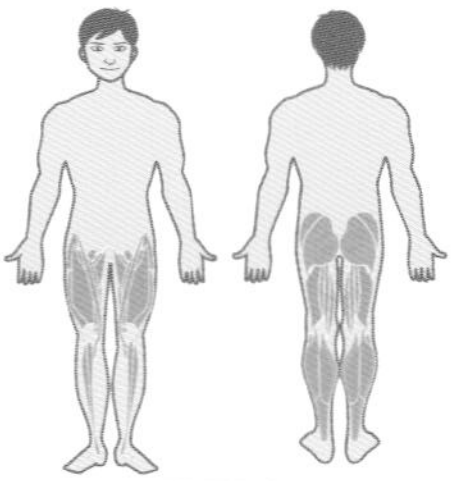

目的 重心を前方に移動させながら、着地衝撃をしっかり脚で受け止める。臀部や大腿部を使って次の1歩を踏み出すので、下肢全体が強化される。

種目 **回数** 交互に**10**回

刺激される部位
下肢全体（大腿部前面、ハムストリングス、臀筋群、ふくらはぎなど）

進みながら

1 両脚を肩幅に開いて直立した姿勢から、右脚の膝を90度に曲げ、太ももを床と平行になる高さまで上げる

2 大きく1歩を踏み出す

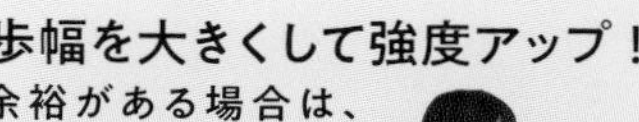

歩幅を大きくして強度アップ！

余裕がある場合は、歩幅をより大きくしてもよい。後ろ側の脚の筋力がより必要となるので、強度が上がる

4 ゆっくり立ち上がり、今度は左脚で踏み出す。これを繰り返し、前進する

3 背すじを伸ばし、上体を床と垂直に保ったまま、体を沈みこませる

押す 下半身トレーニング 06 バランスをとりながら下肢全体強化

ランジ（片手で重りを持って）

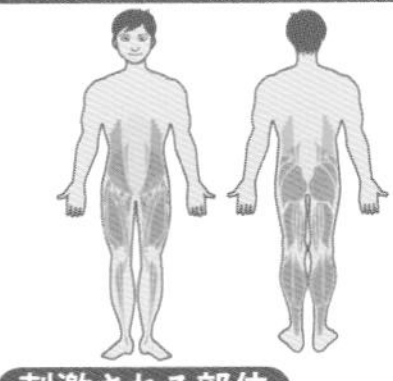

目的 片手にダンベルを持って行うので難易度が上がる。また、ダンベルを持っている側に上体が倒れないように安定させる必要があるので、反対側の腹斜筋に自然に力が入る。

刺激される部位
下肢全体、腹斜筋

種目  回数 交互に**10**回

進みながら

1 右手にダンベルを持つ（腕は振らずに、体側に置いたままでよい）。両足を肩幅に開いて直立した姿勢から、右脚の膝を90度に曲げ、床と平行になる高さまで太ももを上げる

2 大きく1歩を踏み出し、背すじを伸ばして上体を床と垂直に保ったまま、体を沈みこませる

× 重りを持っているほうに、傾かないように気をつける

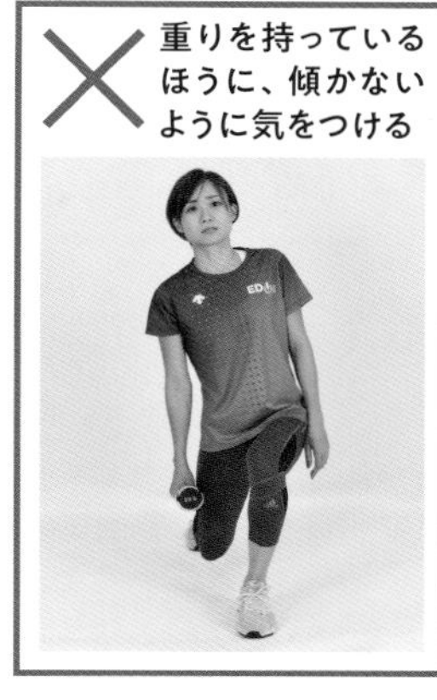

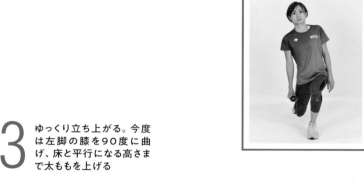

3 ゆっくり立ち上がる。今度は左脚の膝を90度に曲げ、床と平行になる高さまで太ももを上げる

4 大きく1歩を踏み出す。これを繰り返し、前進する

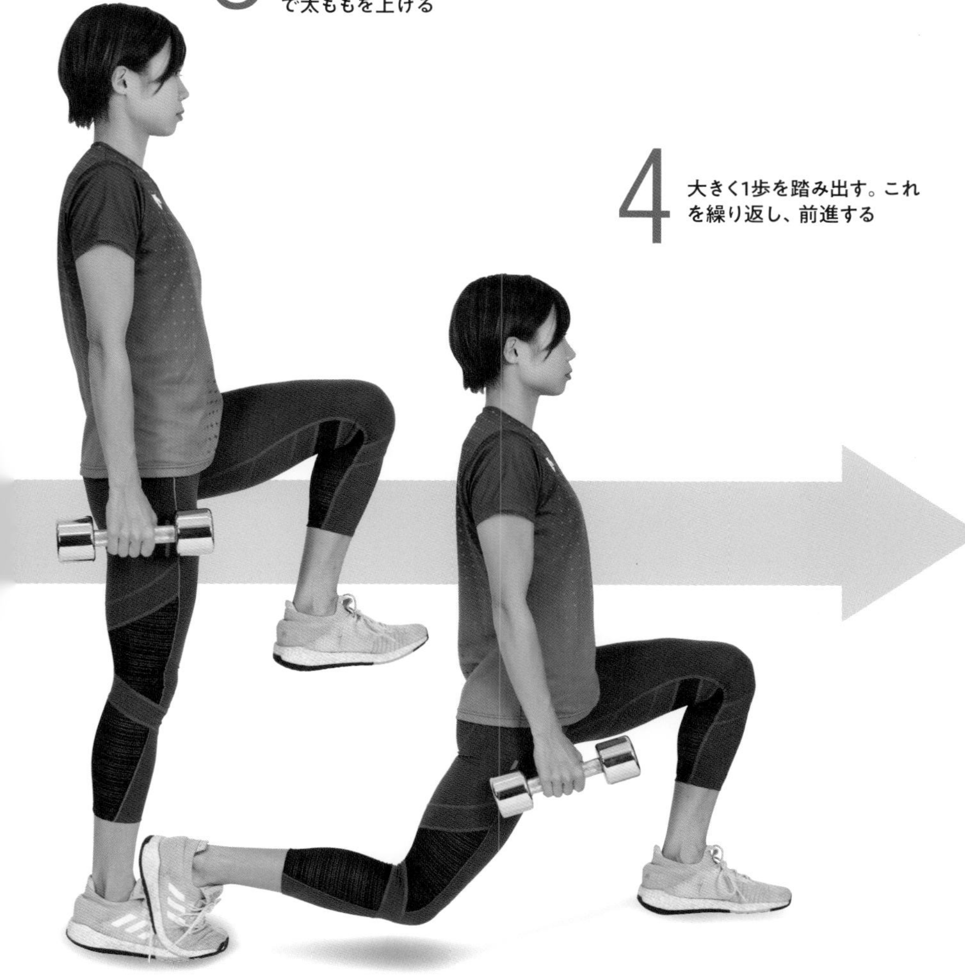

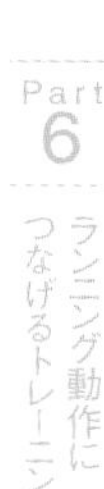

ランジ（メディシンボールツイスト）

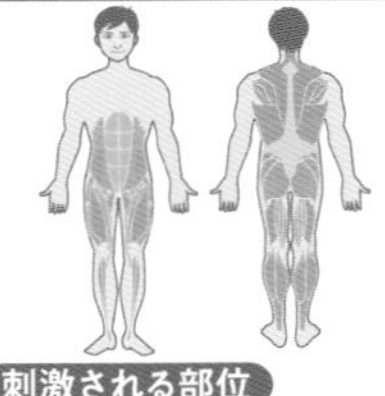

目的 下半身ではランジの動きをしながら、上半身は回旋系のコアトレーニングを行うことになる。メディシンボールに引っ張られないように上体を安定させなければならないので、コア周りが鍛えられる。

刺激される部位
下肢全体、腹筋、背筋

種目    回数 交互に**10**回

進みながら

1 両足を肩幅に開いて直立した姿勢から、右脚の膝を90度に曲げ、太ももを床と平行になる高さまで上げる。両手でメディシンボールを持ち、頭上にまっすぐに上げる

2 大きく1歩を踏み出し、背すじを伸ばして上体を床と垂直に保ったまま、体を沈みこませる

背すじを伸ばし、上体は床と垂直に

Advice

背すじは伸ばしたまま行う

メディシンボールを持ち上げ、ツイストする際は、背すじを意識して伸ばして行う。ボールに重さがあるため、バランスを崩しやすいので注意すること。

3 両手で持ったメディシンボールを、踏み出した右脚の体側に下ろす

4 3とは対角線上の斜め上にメディシンボールを持ち上げる。次の1歩ではメディシンボールの位置を左右変えて、同様に行う。これを繰り返し、前進する

! 膝の角度は90度に保つ

押す　下半身トレーニング 08 多方面への動きを身につける

サイドランジ

陸上競技では横への動きはないと思われるかもしれないが、実は、横への動きが正しくできることは、まっすぐ立つこと、まっすぐ走ることに役立つ。また、多方面への動きを身につけることはケガ予防にもつながる。

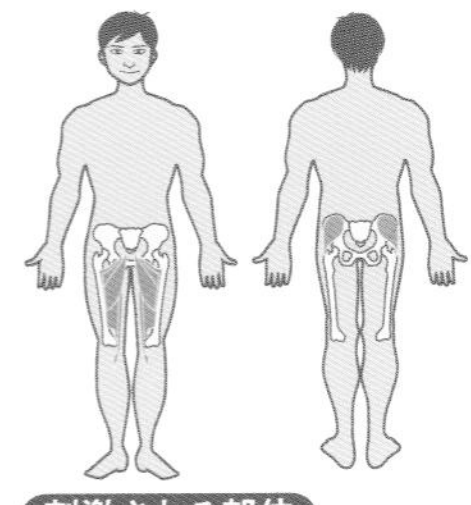

刺激される部位
内転筋群、中臀筋

目的 真横に大きく踏み出す際には内転筋群がかなり使われ、再び直立姿勢に戻るときには中臀筋が使われる。また、左右差が大きいことが多いので、どちらも行うことがポイントになる。

種目 　**回数** 左右10回ずつ

3 大きく踏み出し、足が床についたら膝を曲げ、しっかり踏みこむ。踏みこんだ足で蹴って1に戻る

その場で

1 両足を肩幅に開いて直立した姿勢から、右脚の膝を90度に曲げ、太ももが床と平行になる高さまで上げる。両手は胸の前で前方に伸ばす

2 上げている右脚を、真横に開く

押す 下半身トレーニング 09 内転筋への負荷アップ

スライドランジ（タオル）

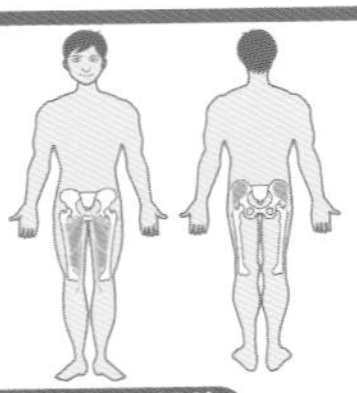

目的 サイドランジよりも負荷が上がる。開いているほうの脚をさまざまな方向に動かすので、とくに内転筋群への負荷が大きい。

刺激される部位 内転筋群、中臀筋

種目 **回数** 3方向**5**回ずつ

両手は胸の前で前方に伸ばして、タオルを踏んで直立する

タオルを踏んでいる足を斜め後ろに滑らせる

両足を肩幅に開いて直立し、両手は胸の前で前方に伸ばす。一方の足の下にタオルなどを置く（フローリングなど滑りやすいところで行う）。タオルを踏んでいる足に体重をのせて、前後左右、さまざまな方向にタオルを滑らせる

ルーマニアンデッドリフト

ダンベルスクワット（118ページ）は臀筋群、大腿部の前面を鍛えることが目的だったが、ルーマニアンデッドリフトは、大腿部の前面を使わないぶん、臀筋群への負荷がより大きくなり、さらにハムストリングスへの負荷も大きくなる。

目的 臀筋群、ハムストリングスをピンポイントに刺激するのが目的。お尻を突き出すように後ろに引き、意識して大腿部の前面を使わないようにする。

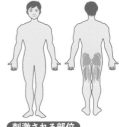

刺激される部位
臀筋群、ハムストリングス

種目 **回数** 10回

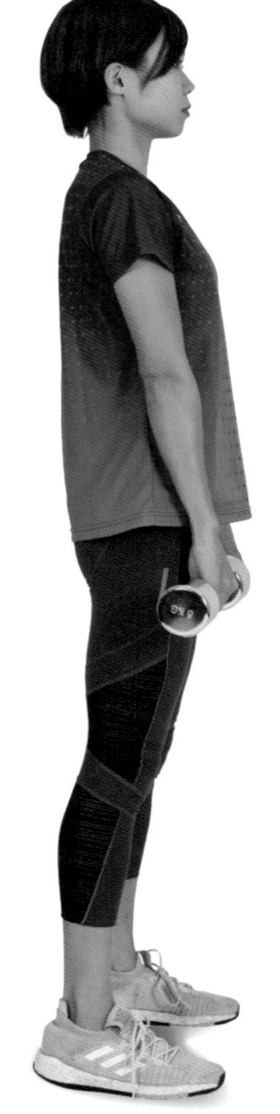

1 両足を肩幅に開いて直立し、両手はダンベルを持って、体の前側で下に下ろす

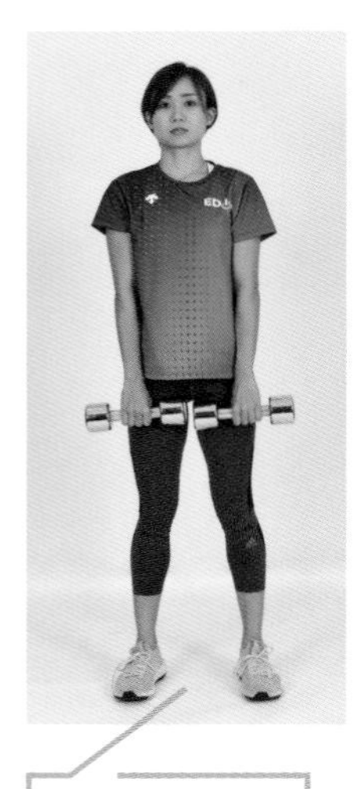

両足は肩幅に開く

2

膝が前に出ないようにして、お尻を後ろに突き出す。これを繰り返す

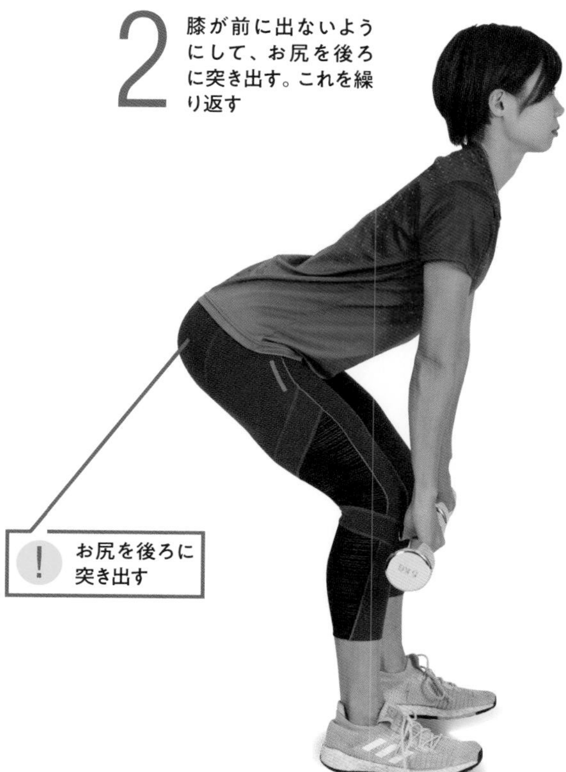

顔は正面を向く

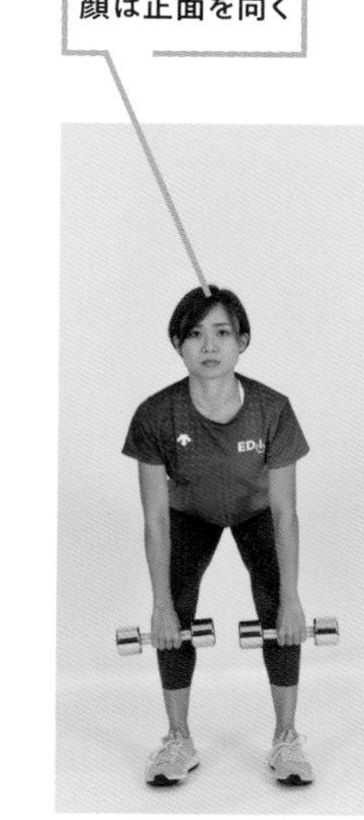

片脚ルーマニアンデッドリフト(両手)

目的 両脚で体を支えていたのが、片脚に体重がのしかかるので、両脚のルーマニアンデッドリフトよりも強度が上がる。

刺激される部位
臀筋群、ハムストリングス

種目 回数 左右10回ずつ

2 上げた右脚を大きく後ろに下げる。これを繰り返す

1 両手でダンベルを持って、膝を90度に曲げ、太ももを床と平行になる高さまで上げる

 下半身トレーニング 12 両脚より強度アップ

片脚ルーマニアンデッドリフト(片手)

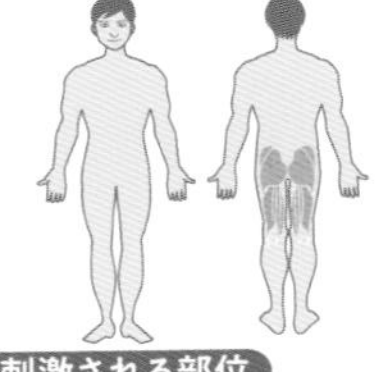

刺激される部位
臀筋群、ハムストリングス

目的 両手に持っていたダンベルを片手だけで持つので、バランスがとりにくくなり、強度がさらに上がる。

種目  回数 左右**5**回ずつ

1 片脚ルーマニアンデッドリフトを、片手だけダンベルを持って行う。左脚の膝を90度に曲げ、前へ持ってくる

2 ダンベルを持つ右手と逆側の左脚を大きく後ろへ引く。これを繰り返す

引く 下半身トレーニング 13 ジャンプは強度アップの一つの方法

片脚ルーマニアンデッドリフト(ジャンプ)

目的 真上にしっかり自分の体を押し上げなければならないので、かなり大きな負荷をかけることになる。ダンベルなど重りがない場合に、強度を上げる方法の一つでもある。

刺激される部位
臀筋群、ハムストリングス

種目 回数 左右**5**回ずつ

1 ダンベルを持たずに、片脚ルーマニアンデッドリフトの沈みこんだ姿勢をつくる

2 その姿勢のまま片足でジャンプする。これを繰り返す

Column 4

さまざまなスポーツに取り組んでみよう

Part 6では、ランニングのスキルを磨くためのドリル等を紹介しますが、みんながみんな、最初からうまくできるわけではありません。簡単なドリルではありますが、「自分はリズム感がないから無理」などと難しく感じる人もいるでしょう。でも、遠ざけるのではなく、根気強く取り組んでください。やってみなければ、できるようにもなりませんから、できるようになるべくチャレンジしてみてください。

つまり、自分の体を巧みに操れる“器用さ”を身につけてほしいのです。とくにジュニアの年代は、器用さを伸ばせる範囲も大きいので、好き嫌いせずにいろんな運動に挑戦してみてください。陸上競技に限らず他のスポーツでもいいでしょう。

「僕は走ることしかできないから」という理由で陸上競技を選んだ人もいるかもしれませんが、さまざまなスポーツに取り組んで身体感覚を磨くことは、ゆくゆくは自分の器を大きくすることになります。例えば、走ることを突き詰めていく過程で行き詰まったときに、より上に行くために役立つかもしれません。

卓球やテニスなどは、幼少期より技術を習得することが、そのまま大人になってからの競技力にも反映されますが、陸上競技の場合は、専門種目を絞るのは高校生や大学生になってからでもいいのではないでしょうか。それまでは他のスポーツや他の種目に取り組むのもいいと思います。

中学までは野球部だったとかサッカー部だったという人が、高校から陸上競技を始めて、めきめきと力をつけるケースはよくありますし、欧米の陸上選手には、クロスカントリーやバスケットボール、ボートなど、さまざまなスポーツを幼少期に経験している人が多いと聞きます。

陸上競技は“走る、投げる、跳ぶ”という誰もがやったことのある動作がベースですが、だからこそ奥深いスポーツです。さまざまな運動に取り組むことは、いずれあなたの陸上競技を深めることに役立つと思います。

また、単純動作を繰り返す競技だからこそ、同じ部位を酷使していけば、いずれ金属疲労を起こし、故障してしまう恐れもあります。他のスポーツに取り組むことで、普段使わない筋肉に刺激を入れることができますし、ケガ予防にもなります。

一見、陸上競技には関係がないように思われるかもしれませんが、パフォーマンスアップの鍵はそんなところにあるかもしれません。

Part

ランニング動作につなげるトレーニング

効率よく、速く走るためのスキルを磨くために
必要なトレーニングは?
瞬発力に特化した
プライオメトリクス・トレーニングに取り組んで、
さらなら競技力の向上を目指しましょう。

1 ランニングのスキルって!?

足が体よりも後ろにあるとき大きな力は出ない

　跳躍種目や投擲種目は、それぞれの種目において、“遠くに跳ぶ”または“遠くに飛ばす”ために、スキル（技術）を磨くことが必要なのはおわかりでしょう。
　一方、“走る”という単純な運動において、スキルといわれても、ぴんとこない人もいるかもしれません。実は、ランニングにおいても、“効率よく”“速く”走るためのスキルというものはあるのです。
　114ページのコラムにも書きましたが、1991年の世界陸上東京大会では、日本陸連のバイオメカニクス研究班が、世界のトップ選手の走りを解析しました。その時に明らかになったのは、当時のトップスプリンターだったカール・ルイス（アメリカ）ら世界の実力者は、足首を固定し、膝も固定されて（つまり、それぞれの関節で曲げ伸ばしが極力ない＝“底背屈がない”状態）、股関節だけを動かして、体の真下に接地し、地面から大きな反力を得ているということでした。
　それ以前は、細かい分析はなされておらず、速い人の走りを、見た目だけ真似するという場合がほとんど。「最後まで蹴り上げろ」とか「太ももを高く上げろ」などと指導する現場の指導者もいました。
　それゆえ、足が体よりも後ろにある状態から、前に進むためにさらに力を出そうと、“地面を蹴る”という意識を持っている人が多かった気がします。今もそのような誤解を持った人がいるかもしれませんが、図でわかるように、足が体よりも後ろにある局面で、どれだけ大きな力を出そうと思っても、それは難しいことです。なので、地面から反力を得たあとに、足首で地面を蹴ってさらに力を出そうとしても、意味のないことなのです。

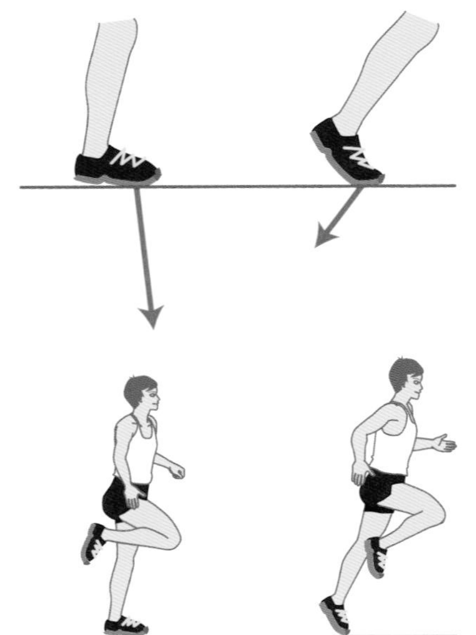
接地脚が地面を押す力の大きさと方向

足は重心の下それで速さが決まる

　重心の下に足があって、左右の脚を入れ替えて地面に着いた瞬間に、どれだけ大きな力を発揮し、その力をどれだけ逃さないかによって、脚の速さは決まります。したがって、"効率よく""速く"走るためには、スキルを磨くことが重要なのです。

このPartでは、ランニング時の動作を分解し、"真下に力を加える"（メニュー01～06)、"スパンと素早く左右の脚を切り替える"（メニュー07～08)、"脚を前方で回す"（メニュー09)、という3つの局面を抽出し、それぞれの動作をドリルとして紹介しています。走動作において、どの局面のスキルを獲得（または改善）したいかを明確にして取り組んでください。

また、力を発揮する方向を意識づけることも大切なので、ここではメディシンボールを使ったトレーニング（メニュー10）も紹介しています。これらに取り組んで、スキルアップを目指してください。

©gettyimages

カール・ルイスの地面から大きな反力を得ている走り（1991年世界陸上東京大会）

2 プライオメトリクス・トレーニング

瞬発力に特化したトレーニング

ランニングのスキルアップにおいて、重要なのがプライオメトリクス・トレーニングです。これまでに紹介してきた筋力トレーニングに取り組んで、大きなエンジンを備えることができても、力の立ち上がりが遅ければ、ほんの一瞬の接地時間において、地面に大きな力を加えることはできません。

つまりは、大きな筋肉を持っていても、パフォーマンスアップに生かせないことも起こりうるのです（その逆もしかり。いくら立ち上がりを速くしても、エンジンが小さければ、発揮できる力に限界があります。したがって、パフォーマンスアップには両方大事なのです）。

プライオメトリクス・トレーニングは、瞬発力に特化したトレーニングで、瞬間的に力を発揮する技術を磨くためのトレーニングです。

足が速ければ速いほど接地時間は短くなりますが、その短い接地時間で大きな力を加える技術・能力は絶対に必要であり、それを磨くのがプライオメトリクス・トレーニングなのです。

また、走種目はもちろんですが、跳躍種目や投擲種目も、一瞬で大きな力を発揮しなければなりません。

とくに、上肢で力を発揮するために、プライオメトリクス・トレーニングに取り組むことも有効です（この本では107ページのプッシュアップ・ジャンプが、上肢のプライオメトリクス・トレーニングになります）。

ミニハードルを使って腕や脚の振り方も意識する

プライオメトリクス・トレーニングには、“接地時間を短く跳ぶ系”と“ストップ動作をしっかり行いながら跳ぶ系”の種目がありますが、この本では前者を紹介しています（メニュー 01 ～ 06）。

単純なジャンプ動作であれば、真下にぽんと踏むだけで体は浮きますが、ランニングは前方に進まないといけません。ミニハードルなどを使ったトレーニングでは、前に進むための腕や脚の振り込み方も意識して身につけてください。

国内のトップクラスの選手でも、プライオメトリクス・トレーニングをやらせてみると、膝下で力を発揮させて（地面を引っ掻くように蹴って）、なんとかこなそうとするケースが見受けられることがあります。ミニハードルを使ったトレーニングでそういった癖が出るのであれば、ラン動作において修正するのは難しいので、プライオメトリクス・トレーニングに取り組む中で修正していってください。

プライオメトリクス・トレーニング
≪瞬間的に力を発揮するトレーニング≫の効果

……短い接地時間で
……踏み切る一瞬で
……踏みこむ一瞬で

大きな力を
加えることができる

腕や脚の振りこみ方を意識する

両脚ジャンプ（前方）

接地時間を短くする動作を習得することが大きな目的となる。足首と膝関節を固めて、自分の体が1本の棒になっているようにイメージして、ポンポンポンと弾くように、短い接地時間でハードルを跳べるようにする。

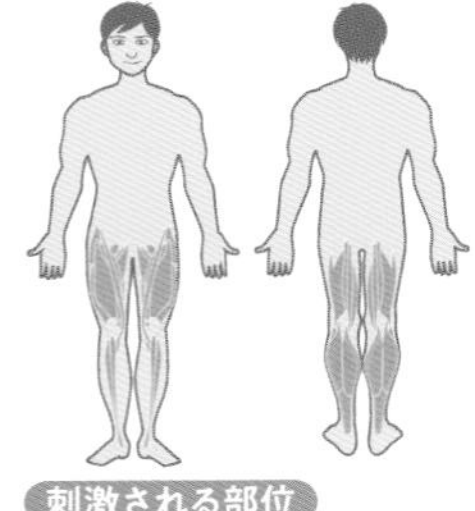

刺激される部位
下肢全体

目的 ランニングにおいて接地時間を短くする動作を習得することが目的。両脚でリズムよくミニハードルを跳び越える。

種目  回数 往復**3**回

進みながら

Advice

地面からの反発力を活用

リズムよくジャンプをするためには、地面からの反発力がポイント。上手に反発力を得られるように意識する。

ミニハードルを約1メートル間隔で10台ほど並べる。膝関節と股関節と足関節（足首）をロックして、地面からの反発力を得るのを意識しながら、両脚をそろえてリズムよくジャンプを繰り返して前方に進む

＊写真の位置関係はデザイン上アレンジしています

両脚ジャンプ（側方）

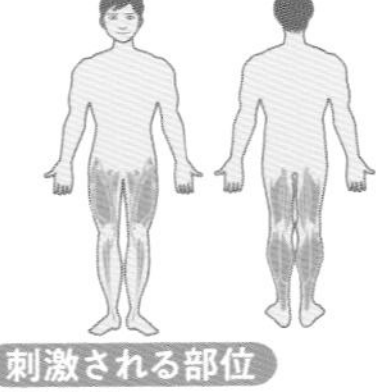

下肢全体

接地時間を短くする動作を習得することが目的だが、横への動きが正しくできることは、まっすぐ立つこと、まっすぐ走ることにもつながる。

  回数 往復**3**回

進みながら

Advice

逆向きでも行う

トラックは反時計回りに走るので、使う脚の筋力の左右差が大きいこともある。必ず逆向きでも行おう。

ミニハードルを約1メートル間隔で10台ほど並べる。ミニハードルに対して、横向きに立つ。膝関節と股関節と足関節（足首）をロックして、地面からの反発力を得るのを意識しながら、両脚をそろえてリズムよくジャンプを繰り返し、側方に進む

＊写真の位置関係はデザイン上アレンジしています

片脚ジャンプ（前方）

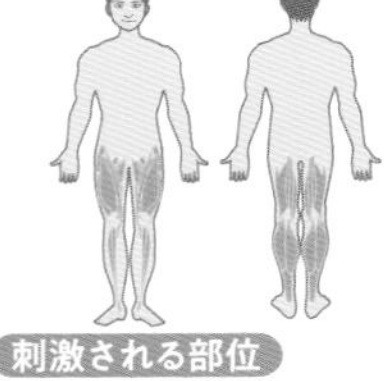

下肢全体

片脚でのジャンプになるので、支持脚への負荷が上がる。また、接地時にぐらつきやすくなるので、難易度も一気に上がる。左右差にも気づきやすい。

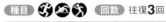

往復**3**回

進みながら

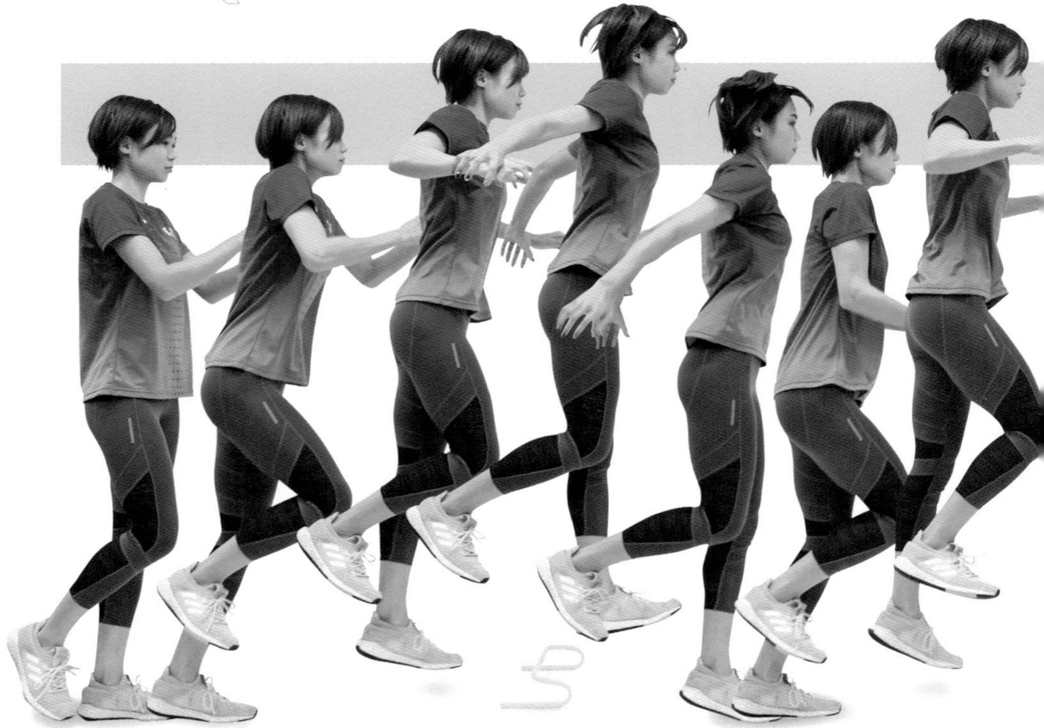

Advice

左右の脚を同じように行う

脚の筋力の左右差を改善するためにも、左右の脚を替えて行うこと。地面からの反発力を得ることを忘れずに。

ミニハードルを約1メートル間隔で10台ほど並べる。左脚で立ち、地面についている左脚の膝関節と股関節と足関節（足首）をロックして、地面からの反発力を得るのを意識しながら、リズムよくジャンプを繰り返して、前方に進む。左右の脚を替えて、同様に行う

＊写真の位置関係はデザイン上アレンジしています

ランニング動作につなげるトレーニング 04 脚の左右差をなくす

片脚ジャンプ（側方）

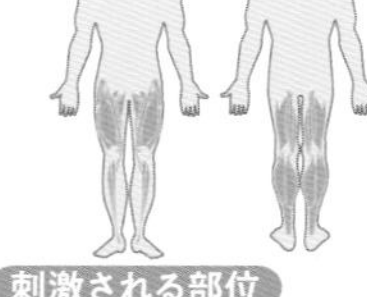

刺激される部位
下肢全体

目的 さらに難易度がアップ。ランニング時には、無自覚のうちに片脚ばかりを酷使していることが多いので、それがケガにつながることもある。左右差をあぶり出し、その差を小さくするためにも、両方の脚でできるようにしたい。

種目 回数 往復3回

進みながら

ミニハードルを約1メートル間隔で10台ほど並べる。ミニハードルに対して、横向きに立つ。ミニハードルから遠い側の右脚を上げて片脚で立つ。地面に着いている左脚の膝関節と股関節と足関節（足首）をロックして、地面からの反発力を得るのを意識しながら、リズムよくジャンプを繰り返して、側方に進む。左右の脚を替えて、同様に行う

＊写真の位置関係はデザイン上アレンジしています

ランニング動作につなげるトレーニング 05 大腿部を引きつけて

ハードルジャンプ

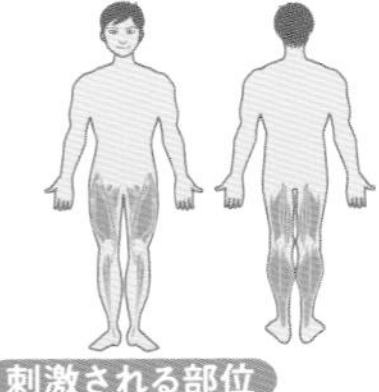

ミニハードルで行うよりも、高出力を要する。とくに、大腿部を引きつけることを意識する。接地時間は多少長くなるが、後ろ側に脚が流れないようにし、テンポよく跳ぶ。

   3回

進みながら

ハードル（写真はフレキハードルを使用しているが、一般の競技用のものでよい）を約130センチ間隔で10台ほど並べる。高さは、トップ選手の場合はハイハードル（106.7センチ）を推奨するが、レベルに応じて低くしてもよい。地面からの反発力を得るのを意識しながら、両脚をそろえてリズムよくジャンプを繰り返し、前方に進む

＊写真の位置関係はデザイン上アレンジしています

Advice

ハードルの間隔

ハードルの間隔のスタンダードは130センチ。目的に応じ（水平方向、垂直方向どちらに跳びたいかにより）設定を変える。

ランニング動作につなげるトレーニング 06 真下に出力、真下に踏む

ボックスジャンプ

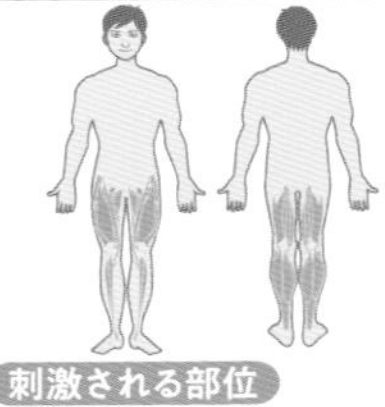

下肢全体

目的 走るときには、真下にどれだけ大きな力を加えることができるかがポイント。ボックスジャンプは、"真下に出力する"ことと、"真下に踏む"という感覚を身につけることが目的となる。

種目

回数 交互に**5**回

真下に力を入れる

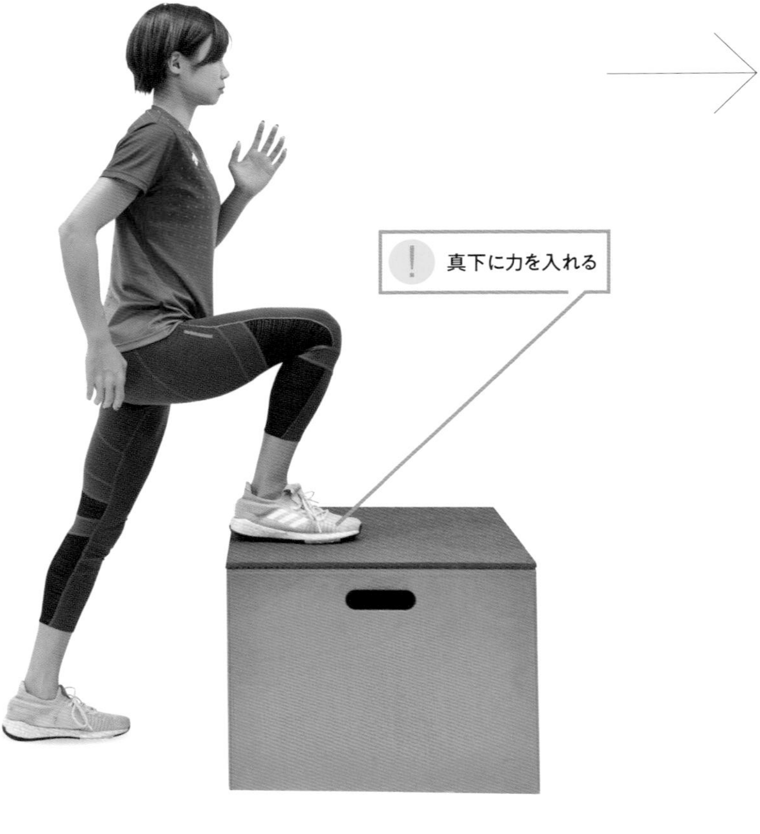

膝ぐらいの高さの台などを前方に置く。右足を台の上にかけて、真下に力を入れて思い切り踏みこむ。台の上に上がり、真上に跳ぶ。元に戻り、これを繰り返す

ドリル(マーチング)

「真下に力を加える」「スパンと素早く左右の脚を切り替える」「脚を前方で回す」。ランニング時の動作を分解して、この3つを抽出し、それぞれの動作をドリルとして行うことで、ランニングのスキルアップを目指す。

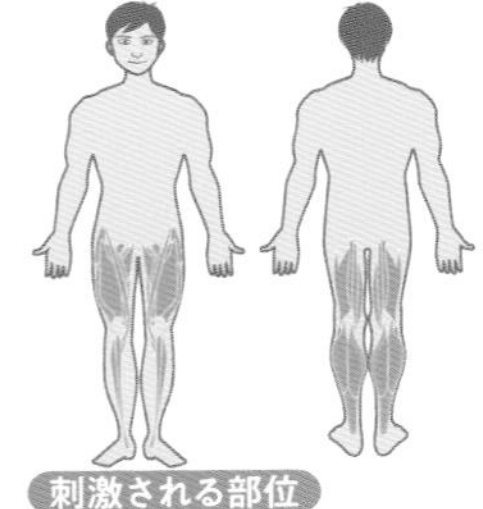

刺激される部位
下肢全体

目的 ボックスジャンプと同様に、"真下に踏む"という感覚を身につける。体の真下に空き缶があり、それを踏むようなイメージで、大きな音を鳴らすように、地面を力強く踏んづける。

   往復5回

進みながら

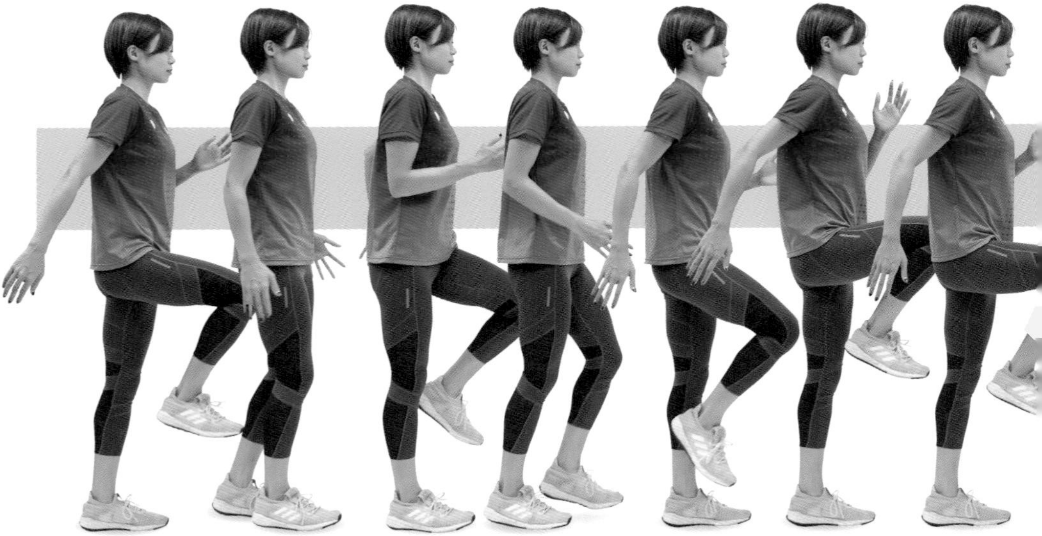

左右の脚を交互に腰の高さまで上げながら20メートルほど前進する。接地する際には、しっかり地面を押すことを意識する。ランニング時と同様に、脚の動きに合わせて、腕を振る

ドリル（切り替え）

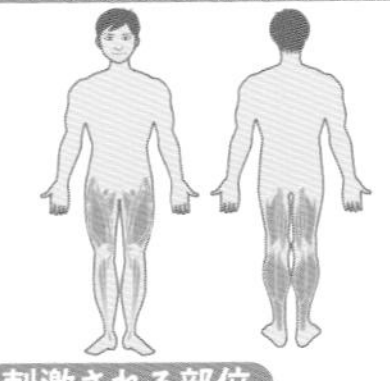

目的 支持脚（床についているほうの脚）と遊脚（ゆうきゃく=上げているほうの脚）の切り替え動作の習得が目的。1歩ごとに両足が床についていない局面で、支持脚と遊脚を素早く切り替えられるようにする。

種目  回数 往復**5**回

進みながら

支持脚と遊脚とを素早く切り替えることを意識する。
両足が地面についていない局面をつくり、左右の脚を素早く入れ替えながら20メートルほど前進する

ドリル（サイクル）

 脚を前方で回す動作を習得することが目的。"蹴る"意識が強いと、体の後ろで脚を回しがちになるが、効率よく、速く走るには、体の前方で脚を回すように走ることが大事だと理解できる。

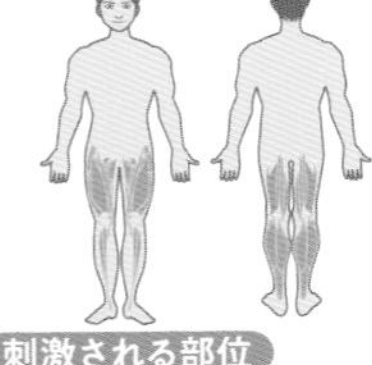

刺激される部位
下肢全体

   回数 往復**3**回

進みながら

片脚でケンケンしながらもう片脚を回す

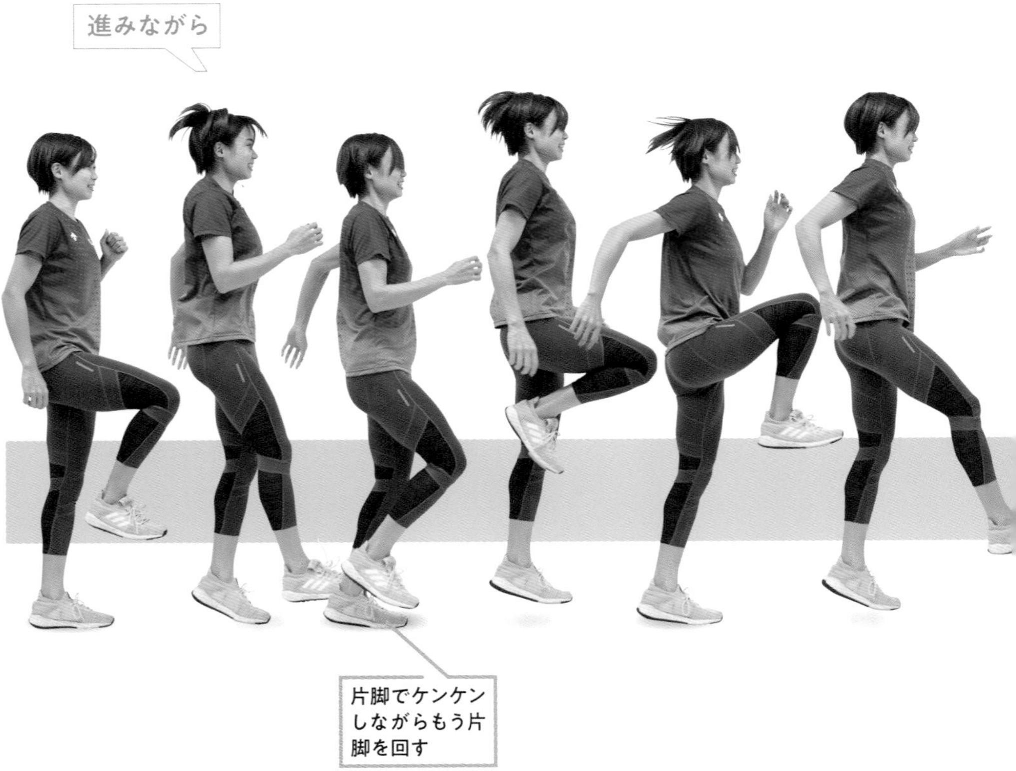

片脚で立ち、もう一方の脚は、体の前面で太ももを腰ぐらいの高さまで上げる。上げているほうの脚を、体のほうに引きつけてから前方に放り出すようにして、回転させながら前に進む。20メートルほど進んだら、左右の脚を替えて、同じようにして戻る

メディシンボール投げ

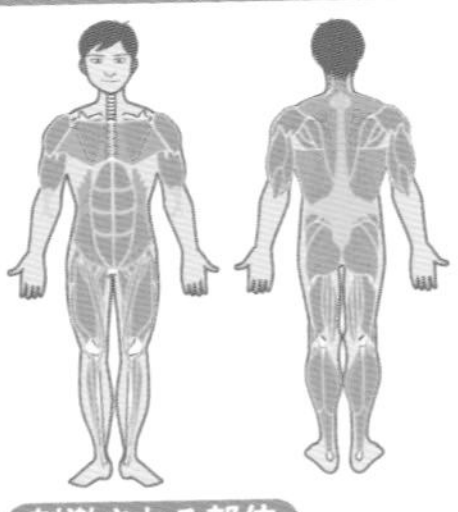

刺激される部位
全身

投擲種目では、最適な距離を飛ばすのに、投射角をどのように決めるかが重要だ。同様に、出力の方向を定めることは、短距離走のスタート動作でも大切。メディシンボール投げは、出力の方向を確認して行うこと。

目的 メディシンボール投げでは、出力すること、すなわち、ボールを飛ばす能力を磨くことももちろん大事だが、どの方向に力を発揮するかを考えてボールを投げることで、スタート動作に生かす。

種目 回数 それぞれ10回

A メディシンボールを胸の前で持ち、1歩の踏みこみで、前方に押し出すようにして、地面と水平にボールを前方に投げる。これを繰り返す

B

両足を腰幅に開いて立ち、メディシンボールを両手で持ち、頭上に持ち上げる。大きく振り下ろして勢いをつけて、斜め上方向にボールを投げる。これを繰り返す

C

ボールを投げる方向とは後ろ向きに立つ。Bと同様に、両足を腰幅に開いて立ち、メディシンボールを両手で持ち、頭上に持ち上げる。大きく振り下ろして勢いをつけて、背面の上方にボールを投げる。これを繰り返す

Interview ★ Yume kitamura

北村 夢（エディオン）

2017、18年日本選手権800m優勝

本書でモデルを務めてくれた北村夢選手に、
スペシャルなインタビューを編集担当者が行いました。
実践しているトレーニングの効果や
日々の取り組みについて語ってもらいました。

体を上手く使って速く走りたい

中学で陸上部に入部 走り幅跳びからスタート

2017、18年と日本選手権の女子800mで2連覇を果たすなど、今、日本女子中距離界を牽引しているのが北村夢選手です。

「小さい頃から走ることが好きでした。小学生のときに担任の先生から褒めてもらったことがあって、その先生から『中学で陸上部に入ってみてはどうか』と薦められ、中学から陸上を始めました。

今は800mが専門ですが、陸上を始めたばかりのときは、実は走り幅跳びをやっていました。ですが、ケガをしてしまい、すぐに種目を変えました。次は短距離（100m、200m）にしたのですが、好きで始めた陸上のはずなのに、あまり楽しく感じられなかったんです。それで、またも種目を変更することに……。200mの次に長い距離の種目はというと、中学女子には400mがないので、仕方なく800mになりました（笑）。

正直、800mが好きかと聞かれると……。嫌いではないのですが、走っていてきつい種目だなとは、今でも感じています。でも、100m、200mだと自分の力をそこまで発揮できないし、800mより長い距離だとバテてしまうので、自分には400mや800mぐらいの距離が一番いいのかなと感じています。

800mという種目は、400mのトラックを2周する種目です。スタートして約100m走るとバックストレートに入るところでオープンレーンになりますが、そこからは他の選手と激しくぶつかることもよくあります。ぶつかると当然よろけてしまいますし、転倒することだってあります。そういう意味でも、800mはフィジカル面が大事な種目だと感じています」

高校になってから 体幹トレーニングに取り組む

800mに転向した北村選手は、中学2年時の2009年に全日本中学校選手権に出場を果たしました。予選落ちに終わったものの、いきなり全国大会に出場できたのだから、800mに適性があったのは間違いないでしょう。

そして、高校は陸上の名門・東京高校（東京）に進学します。インターハイには2年連続で出場するも、またも全国の舞台で決勝進出は叶わず、北村選手がブレイクを果たすのはもう少し先のこと。当時はまだ全国的に名前を知られた選手とはいえませんでしたが、全国屈指の強豪校で、着実に力をつけていきました。

「中学時代はそんなに強い学校ではなかったのですが、体幹トレーニングを少し教えてもらったこともありました。でも、それほどがっつりとトレーニングを積んだわけではありません。

高校のときも、筋力トレーニングをやらなければとはそんなに感じたことはなかったのですが、体幹はしっかりしていないと800mは走れないとは感じていたので、ダイナマックスという器具を使って、体幹トレーニングに取り組んでいました。

練習メニューは先生が考えてくれていたのですが、高校のときから体幹トレーニングを教えてもらっていたおかげで、大学に

進んだときに、周りの人よりも体幹がしっかりしているのを実感しました。ジュニアの頃からこういったトレーニングに取り組むことは、絶対に将来的に役立つと思います。大学では、体幹トレーニングのほかにも、ミニハードルを使った動きづくりなどもやったりしていました」

2017年日本インカレで歴代2位の日本学生記録をマーク

東京高校を卒業後は、長年男子1500mの日本記録保持者だった石井隆士先生から勧誘を受け、日本体育大学に進学。そして、一躍日本のトップ選手に成長します。

大学4年時の2017年には、日本選手権を制し初めて日本一のタイトルを手にしただけでなく、大学日本一を決める日本インカレで、日本歴代2位・日本学生記録となる2分00秒92の好記録をマークしました。

そして、大学から社会人へと活動の場を移そうとしている時期に、北村選手は本書の著者である五味宏生さんにフィジカル面の指導を受けるようになりました。また、練習面では今も石井先生の指導を受けています。

「ちょうどエディオンに入社する直前に参加した日本陸連の中距離合宿のときだったと思いますが、男子の選手に帯同して五味さんもその合宿に来ていました。そのとき、私はケガをしていたので、五味さんにトレーニング方法や体の使い方などを教えてもらいました。これからの自分の競技にプラスになるなと思って、その後も継続して五味さんに指導をお願いしました」

“まっすぐに押す”をメインにフィジカル面をつくり直す

現在、日本の女子800mは、北村選手のライバル勢もめきめきと力をつけて、全体的にレベルが上がってきています。そんな中、社会人1年目の2018年の日本選手権で北村選手は2連覇を飾りました。また、同年のアジア競技大会では4位に入っており、世界の舞台で戦うことをしっかりと視野に入れています。

ただ、日本国内で勝つことができても、世界大会で戦うには、さらなるレベルアップが必要です。北村選手の自己記録は2分00秒92ですから、日本記録（2分00秒45）更新はもちろん、1秒以上縮めて1分台のタイムを出さなければ、世界大会に出場することもできません。そのため、五味さんと取り組むフィジカル強化も一から見直し始めました。

「彼女の一番の問題は、右足が内側に入ってしまって、ひねられることによって起こるケガが多いこと。基本的な体の使い方が上手いぶん、なかなか修正するのが難しかった。当初はパワーをつけることから始めたのですが、走り方がしっくりきていないとのことだったので、“まっすぐに押す”ということに重点を置くことから、フィジカル面をつくり直しました」と、五味さんも、弱点を克服し、さらなるパワーアップを遂げるためのトレーニングを北村選手に課しています。

土台からつくり直して理想形に近づきたい

2019年のシーズンはケガもあって日本選手権に敗れましたが、2020年シーズンは好感触を得て迎えられそうです。

「自分の中で、右側はできるのに、左側は力を入れるのが難しいなど、左右差を感じることがありました。見た目ではそれほどではなくても、自分の感覚では大きな違いでした。それが、五味さんに課されるトレーニングをするようになって、腕振りが変わりましたし、これまでであれば、きつい場面で上半身が反ったりしていたのですが、あまり反らなくなったと思います。それに、ラストの粘る局面でどこに力を入れればいいかもわかりました。

パワー系のトレーニングは正直あまり好きではありません。でも、体を上手く使って速く走りたいと思っているので、取り組んでいます。土台からつくり直しているので、自分の理想形に近づいているかというと、今はまだまだだと思っています。でも、冬季練習を経て、走りの感覚が2019年までとはまったく違っている実感があります。2020年はレベルアップした姿を見せたいです」

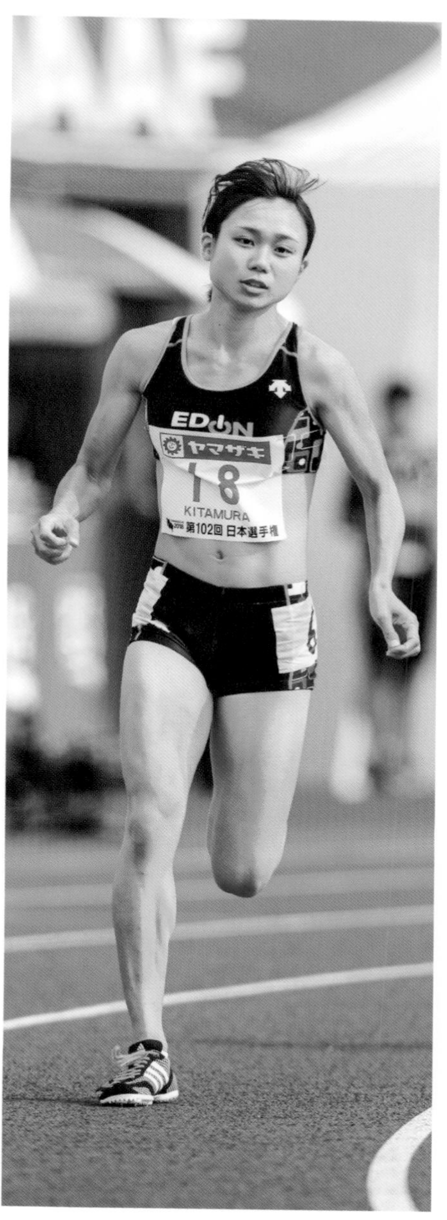

トレーニング・プログラムの立て方

これまでに解説したトレーニング種目をどのように組み合わせたらいいのでしょうか。プログラムの立て方の例を、走種目、跳躍種目、投擲種目、新入生（トレーニングに不慣れな人）別に紹介します。

プログラム例

走種目 バランスよく鍛える

	月	火	水	木	金	土	日
ウォーミングアップ	4種目	4種目	4種目	4種目	4種目	4種目	rest
コア	前面2種目	後面2種目	発展1種目	前面2種目	後面2種目	発展1種目	
	側面2種目	回旋2種目		側面2種目	回旋2種目		
上半身	押す2種目			引く2種目			
下半身	引く2種目			押す2種目			
ジャンプ（プライオメトリクス）			3種目			3種目	

跳躍種目 ジャンプトレーニング多め

	月	火	水	木	金	土	日
ウォーミングアップ	4種目	4種目	4種目	4種目	4種目	4種目	rest
コア	前・後・側面2種目ずつ	回旋3種目	発展2種目	前・後・側面2種目ずつ	後面3種目	発展2種目	
上半身	押す2種目			引く2種目		押す2種目	
						引く2種目	
下半身	引く2種目			押す2種目		押す2種目	
						引く2種目	
ジャンプ（プライオメトリクス）	3種目		3種目			4種目	

投擲種目 上半身のトレーニング分量多め

	月	火	水	木	金	土	日
ウォーミングアップ	4種目	4種目	4種目	4種目	4種目	4種目	rest
コア	前面2種目	後面2種目	側面3種目	前面2種目	後面2種目	発展1種目	
	回旋2種目	回旋2種目		回旋2種目	回旋2種目		
上半身		押す3種目	押す1種目		押す3種目	押す2種目	
		引く3種目	引く1種目		引く3種目	引く2種目	
下半身	押す3種目		押す1種目	押す3種目		押す2種目	
	引く3種目		引く1種目	引く3種目		引く2種目	
ジャンプ（プライオメトリクス）			3種目			3種目	

新入生（トレーニングに慣れていない）分量は少なく

	月	火	水	木	金	土	日
ウォーミングアップ	4種目	4種目	4種目	4種目	4種目	4種目	rest
コア	前面2種目	後面2種目	側面2種目	回旋2種目	前面2種目	後面2種目	
上半身	押す1種目			押す1種目		押す1種目	
		引く1種目			引く1種目	引く1種目	
下半身		押す1種目			押す1種目	押す1種目	
	引く1種目			引く1種目		引く1種目	
ジャンプ（プライオメトリクス）	1種目			1種目			

具体例 走種目

走種目	月曜日
ウォーミングアップ	4種目
コア	前面2種目
	側面2種目
上半身	押す2種目
下半身	引く2種目
ジャンプ（プライオメトリクス）	

偏りなく取り組むことが大事

プログラム例は、それぞれの種目に応じて、とくに必要なトレーニングを多めにしてありますが、基本的には上半身も下半身も偏りのないように取り組んでください。偏りなく取り組めたかどうかは、継続したあとに大きな差になるはずです。

ウォーミングアップは、普段の練習前だけではなく、試合前にも行ってください。また、筋力トレーニングだけを行う日も、その前に必ず行いましょう。

コアトレーニングは、普段の練習の前に行うのもいいでしょう。最初のうちは、行うだけで疲労が出てしまうかもしれませんが、むしろ練習前に行ってもそれほどダメージが残らないくらいまでに、筋力レベルを上げてほしいと思います。かえってよい刺激となって、練習前のスイッチになると思います。

上半身、下半身、ジャンプ系のトレーニングは、負荷の大きい練習の日には行わないほうがいいでしょう。負荷の小さい練習のあと、あるいはオフの日に取り組んでください。

1 ウォーミングアップ
4種目

① シンボックス（ノーマル）……p20
左右**5**回ずつ

② リバースSLR……p28
左右**5**回ずつ

③ チェストオープナー……p36
左右**5**回ずつ

④ ロックバック……p40
10回

2 コア
前面2種目

① **プランク**……p60
20秒

② **マウンテンクライマー**……p64
左右**10**回ずつ

コア
側面2種目

① **サイドベンド**……p74
左右**10**回ずつ

② **サイドプランク**……p78
左右**10**回ずつ

3 上半身
押す2種目

① **ダンベルプレス**(上半身のせ)……p100
左右**10**回ずつ

② **プッシュアップ**……p104
10回

4 下半身
引く2種目

① **ルーマニアンデッドリフト**……p136
10回

② **片脚ルーマニアンデッドリフト**(ジャンプ)……p141
左右**5**回ずつ

五味宏生 ごみ・こうき

日本陸上競技連盟医事委員会トレーナー部委員
日本スポーツ協会公認アスレティックトレーナー
1983年埼玉県出身。早稲田大学スポーツ医科学学術院（スポーツ科学修士）在籍中に鍼灸按摩、マッサージ指圧師を取得。日本陸上競技連盟医事委員会トレーナー部委員を務め、主に陸上競技のトレーナーとしてケア、リハビリテーションからトレーニングまで幅広い分野での活動を展開。帝京大学スポーツ医科学センターにて帝京大学駅伝競走部のサポートも行った。 大迫傑、小池祐貴、戸田雅稀といった日本トップレベルの陸上競技選手のトレーナーを務め、現在はフリーランスとして活躍。osako suguruアプリにてGOMIトレ公開中。

北村 夢 きたむら・ゆめ

1995年東京都出身。2017、18年日本選手権800m優勝者。陸上の名門校・東京高校で力をつけ日本体育大学へ。大学を卒業後、現在はエディオン女子陸上競技部に所属。2017年に、日本インカレの800m走において、日本歴代2位・日本学生記録となる2分00秒92の記録をマークした。身長163cm。

競技力が上がる
体づくり

陸上競技の筋力トレーニング

2020年4月20日　第1版第1刷発行
2023年9月25日　第1版第4刷発行

著　者／五味宏生
発行人／池田哲雄
発行所／株式会社ベースボール・マガジン社
〒103-8482
東京都中央区日本橋浜町2-61-9　TIE浜町ビル
電話 03-5643-3930（販売部）
　　 03-5643-3885（出版部）
振替口座 00180-6-46620
https://www.bbm-japan.com/

印刷・製本／広研印刷株式会社

ISBN978-4-583-11241-1　C2075